Manfred Backhaus

NIE MEHR STRESS

Manfred Backhaus

NIE MEHR STRESS

Das Sofortprogramm für mehr Spaß im Leben

MOEWIG

Die Ratschläge in diesem Buch wurden vom Autor und vom Verlag sorgfältig erwogen und geprüft, dennoch kann eine Garantie nicht übernommen werden. Eine Haftung des Autors bzw. des Verlags und seiner Beauftragten für Personen-, Sach- oder Vermögensschäden ist ausgeschlossen. In allen medizinischen Fragen ist der Rat eines Arztes maßgebend.

www.MOEWIG.de
Originalausgabe

Umschlagfoto: Pictor International
Printed in Germany
ISBN: 3-8118-1230-0

Inhaltsverzeichnis

Einleitung

Der Herzinfarkt ist das Damoklesschwert unserer Zeit, das über den Häuptern fast aller Berufstätigen schwebt und das Leben von immer mehr Menschen bedroht.

Magengeschwüre, nervöse Gastritis, Kopfschmerzen und Migräne, Durchblutungsstörungen, Verdauungsstörungen, Schlaflosigkeit und nervöse Beschwerden gehören bereits zum Berufsalltag.

Mit einem Bein stehen die meisten Berufstätigen – vor allem natürlich die in den überlasteten Managementpositionen – schon im Krankenhaus. Hat es den einen oder anderen mal erwischt, so heißt es in der Regel: »Der Stress war schuld!«

Stress ist heute der Krankmacher Nummer 1. Die 38 Millionen Erwerbstätigen in der Bundesrepublik bringen es auf immerhin 361 Millionen Betriebskrankentage pro Jahr. Eine beträchtliche Anzahl davon geht direkt oder indirekt auf Kosten des Stresses. Daran konnte bisher auch die modernste medizinische Versorgung nichts ändern, denn ihr Einsatz erfolgte in der Regel zu spät. Meistens versuchen die Mediziner nämlich nur, Stressfolgen zu behandeln, aber sie tragen ebenso wenig wie die Patienten dazu bei, die Ursachen zu beseitigen.

Wesentlich wichtiger als die Behandlung von stressbedingten Erkrankungen ist aber die Vorbeugung. Doch daran hapert es an allen Ecken und Enden. Statt rechtzeitig etwas gegen entstehenden Stress und seine Folgen zu tun, werden reichlich Tabletten gegen alle möglichen körperlichen oder seelischen Störungen sowohl verschrieben als auch in Selbstbehandlung »gefuttert«. So werden in Deutschland allein an Schlaftabletten alljährlich 5000 Tonnen verbraucht.

Der dadurch erkaufte Schlaf ist jedoch kein gesunder Schlaf, das allerdings machen sich die meisten Schlaflosen nicht klar. Die Folge dieses ungesunden Schlafes ist ein ungesundes Erwachen und ein kommender ungesunder Tag, für den der Stress praktisch schon programmiert ist, da der Organismus sich in der Nacht nicht auf natürliche Weise ausruhen und regenerieren konnte. Hier gilt es, den Teufelskreis zu durchbrechen. Nur mit einer vernünftigen Vorbeugung, mit einer Änderung vieler Arbeitsbedingungen, Lebensgewohnheiten und Ernährungsvorstellungen sind Stressfolgen weitgehend zu vermeiden und zu lindern.

Zuerst einmal muss jeder für sich erkennen, was Stress eigentlich ist und welcher Stress ihm schadet. Denn Stress ist nicht gleich Stress. Dieses Buch zeigt, welche Stressformen gesund und welche ungesund sind. Es macht Ihnen deutlich, wie ungesunder Stress entsteht, und zeigt Ihnen gleichzeitig Lösungsmöglichkeiten auf, diesen Stress künftig zu vermeiden – im Familienleben, im Straßenverkehr oder im Berufsleben.

Ein Anti-Stress-Programm, das beim Aufwachen beginnt und mit dem Schlafengehen endet, führt Sie durch einen gesunden und fröhlichen Tag ohne jeglichen zerstörenden Stress. Die Folge ist eine völlig neue Lebenseinstellung, mehr Spaß an der Arbeit, mehr Harmonie am Arbeitsplatz und in der Familie, mehr Entspannung zu Hause und letztendlich weniger Krankheit. Für all diejenigen, für die diese Ratschläge bereits zu spät kommen, die also schon an einer Folgekrankheit des andauernden und zerstörenden Stresses leiden, bringt dieses Buch einen besonderen Teil über die »Stressbremsen« der Naturheilkunde und zeigt Möglichkeiten der naturheilkundlichen Behandlung der häufigsten stressbedingten Krankheiten.

Damit ist dieses Buch für Sie eine Hilfe, gleichgültig, ob Sie stressgefährdet oder bereits stressgeschädigt sind.

In verständlicher Sprache werde ich Sie mit einem vernünftigen Lebensstil bekannt machen, der Sie in Zukunft weitgehend vor Stress bewahren wird.

Sie erfahren, welche unschädlichen, aber hochwirksamen

Naturheilmittel Sie statt gefährlicher Chemiepräparate gegen Ihre Stress-Folgekrankheiten einsetzen können.

Darüber hinaus wird Ihnen noch gesagt, mit welchen Behandlungsmethoden Ihnen in einer naturheilkundlich ausgerichteten Praxis zusätzlich geholfen werden kann.

Dieses Buch ist damit nicht nur ein Ratgeber zur Vorbeugung, sondern auch ein Therapieplan gegen bestehende Stressfolgen.

1. Teil:

Stress als Zeitkrankheit

1.1 Was ist Stress?

Das Wort »Stress« ist heute jedem Kind geläufig. Dennoch ist dieser Begriff erst seit einigen Jahrzehnten im Gebrauch. Erst seit den sechziger Jahren tauchte er bei uns immer häufiger in der Presse auf, zu einer Zeit also, als die Zahl der Herz- und Kreislaufkranken und der Todesfälle infolge von Herzinfarkten deutlich im Ansteigen begriffen war. Zunächst wurde vielfach von »Managerkrankheit« gesprochen, denn man glaubte, dass die schlimmen Folgen des Stresses vor allem in der Gruppe der so genannten leitenden Angestellten, der Manager, die an der vordersten Front der modernen Leistungs- und Konkurrenzgesellschaft stehen, zu suchen seien. Doch bald fanden sich auch Stresssymptome in nahezu allen Kreisen der Bevölkerung, nicht nur bei Berufstätigen, sondern auch bei den ebenso belasteten Hausfrauen und Schülern.

Man sprach von Stress, wenn sich Menschen Anforderungen gegenübersahen, die sie nicht mehr ohne Überforderung und ohne Ausnutzung letzter Kraftreserven bewältigen konnten. Hausfrauen fühlten sich gestresst, wenn in der Weihnachtszeit die Weihnachtsbäckerei, die Besorgung der Geschenke, Essensplanungen und andere Tätigkeiten zu erledigen waren, die sie in der Kürze der verbleibenden Zeit kaum schaffen konnten. Schüler fühlten sich gestresst, wenn Prüfungsarbeiten sich zu bestimmten Zeiten häuften. Autofahrer wurden im Berufsverkehr, in den »Stoßzeiten« gestresst. Termindruck, Angst vor Arbeitslosigkeit, die Sorge um das Fortkommen, die Schwierigkeiten, bei vielen gleichzeitig zu bewältigenden Arbeiten noch den Überblick zu behalten, bewirkten bei vielen Berufstätigen Dauerstress.

Die genannten Beispiele zeigen schon recht genau, worum es bei dem Phänomen *Stress* vor allem geht. Die Bezeichnung *Stress* kommt aus dem Englischen und bedeutet wörtlich übersetzt soviel wie Belastung, Druck, Anspannung.

Weil er wusste, dass der moderne Mensch Belastungen unterliegt, unter denen er zusammenzubrechen droht, hat 1950 der Mediziner Hans Selye den Ausdruck »Stress« auch in die Biologie und Medizin eingeführt. Er wollte damit darauf aufmerksam machen, dass wir Menschen heute einem dauernden Zivilisationsstress unterliegen, der aus einer Vielzahl von optischen und akustischen Reizen, aus Zeit- und Leistungsdruck, aus Angst vor Isolation und Nicht-genügen-Können besteht – alles Stress- und Krankheitsauslöser.

Trotzdem ist Stress keine reine Zivilisationserscheinung, sondern gehört zu den Grundbedingungen menschlicher Existenz. Schon seit Beginn des Daseins sind Menschen und höhere Tierarten ständigen Bedrohungen und Angriffen durch ihre natürlichen Feinde und zum Teil durch ihre Artgenossen ausgesetzt, auf die sie mit Stresserscheinungen reagieren. Jeder Angriff löst einen eingebauten biologischen Verteidigungsmechanismus aus. Mensch und Tier können dann in Sekundenschnelle alle Energiereserven mobilisieren, um sich auf Flucht oder Angriff einzustellen. Dieser Vorgang verläuft auch beim Menschen automatisch, reflexartig ab, denn jedes Denken und Abwägen könnte im Moment höchster Gefahr Zeitvergeudung bedeuten und die Chancen zu überleben herabsetzen.

In der Frühzeit des Menschen waren solche stressauslösenden Faktoren relativ selten. Vor allem folgten auf die Alarmsituationen in der Regel längere Erholungs- und Entspannungsphasen, die dafür sorgten, dass der körperliche Normalzustand wieder hergestellt werden konnte. Auch die Tatsache, dass die mobilisierten Energiereserven in jenen Zeiten tatsächlich in körperliche Bewegung – etwa bei der Flucht oder im Kampf – umgesetzt wurden, trug dazu bei, dass diese auch verbraucht und nicht im Körper krankheitsfördernd angesammelt wurden.

Anders verhält es sich dagegen mit dem »Zivilisationsstress« unserer Tage. Die Stressreize, auch *Stressoren* genannt, prasseln heute nahezu unablässig auf die Menschen ein. Sie haben an Stärke, Zahl und Dauer so zugenommen, dass die Gesundheit des menschlichen Organismus durch sie in hohem Grade bedroht ist. Denken Sie dabei nur an die Reizüberflutung des heutigen Großstadtlebens, den ständigen Zeit- und Leistungsdruck, die vielfältigen familiären und beruflichen Konfliktsituationen, die wirtschaftliche Unsicherheit, die Ängste vor schwerwiegenden Krankheiten, vor Umweltzerstörung und Krieg. Dabei sind es vor allem die kleinen unterschwelligen Stressreize, welche oft gar nicht mehr als solche wahrgenommen werden, die Tag für Tag an unserer Gesundheit nagen.

Wie verändert Stress den Körper?

Um die verheerenden Auswirkungen übermäßigen Stresses zu begreifen, müssen wir einen kleinen Ausflug in die Biologie und Medizin unternehmen: Was läuft im Körper ab, wenn Stressreize auf ihn einwirken?

Beim Auftreten eines Stressreizes wird über bestimmte Gehirnbahnen das so genannte vegetative Nervensystem aktiviert, vor allem der Sympathikus-Nerv sowie die Hirnanhangdrüse, die Hypophyse. Diese veranlasst die Produktion verschiedener Hormone, die sich binnen kürzester Zeit im ganzen Körper verteilen. Dadurch wird der Herzschlag deutlich beschleunigt. Wir alle kennen das »Herzklopfen« bei Gefahr. Der Puls wird verstärkt, und die Muskeln werden stärker durchblutet, damit Flucht oder Angriff wirkungsvoll erfolgen können.

Alle Körpervorgänge dagegen, die im Augenblick einer unmittelbaren Gefahr nicht vonnöten sind, werden gedrosselt. So werden z. B. die Eingeweide und die Haut schlechter durchblutet, was dazu führt, dass wir vor Angst blass werden. Der Hunger wird ebenso reduziert wie der Sexualtrieb. Während nun im Tierreich (oder früher bei den Steinzeitmenschen) in oder nach der Gefahrensituation eine aktive körperliche Handlung erfolgte, also Flucht oder Angriff, verharren die Menschen heute bei ähnlichen Stresssituationen meist in relativer Bewegungslosigkeit. Gerade darin aber besteht die krank machende Wirkung des Stresses. Während die Bewegung nämlich hilft, die zur Bewältigung der Stresssituation eigens produzierten Hormone wieder abzubauen, werden beim Ausbleiben der Bewegung diese Hormone im Körper abgelagert. Das aber ist für unseren Organismus schädlich. Und so hat der Stress heute an Stelle seiner ursprünglichen lebensrettenden Wirkung leider krank machende Folgen. Was früher ein Mittel der Selbsterhaltung war, ist in Zeiten fortgeschrittener Zivilisation zu einem Instrument der Selbstzerstörung geworden.

Jedoch wird die Stressbelastung nicht immer wahrgenommen, auch wenn sie schon mit technischen Apparaturen messbar ist. So konnte der schwedische Stressforscher Theorell zeigen, dass das EKG bei Patienten schon deutliche Unregelmäßigkeiten aufwies, wenn sie nur an unangenehme Situationen erinnert wurden. Messungen ergaben dabei außerdem, dass die Milchsäure im Körper anstieg; ebenso stiegen die Blutfettwerte, der Blutzucker und die Zahl der Gerinnungsfaktoren im Blut an. Ursprünglich hatte das den Sinn, in Gefahrensituationen Kraftreserven bereitzustellen und bei eventuellen Verletzungen eine schnellere Wundheilung zu bewirken. Heute können bei uns solche Reaktionen stattdessen zu einen Herzinfarkt oder einem Schlaganfall führen. An diesem Beispiel vermögen Sie aber auch zu erkennen, dass nicht nur starke Reize, wie sie etwa bei echten Gefahrensituationen auftreten, sondern auch viele kleine negative Erlebnisse schädliche gesundheitliche Auswirkungen haben können.

Stress ist nicht gleich Stress – der gute und der böse Stress

Die eben skizzierten Beobachtungen zeigen uns auch, dass Sie auf keinen Fall »Stress« einfach mit »Anstrengung«

gleichsetzen dürfen. Körperliche Anstrengung ist dann nicht mit krank machendem Stress verbunden, wenn die mobilisierte Energie gleich wieder abgebaut wird und wenn die Anstrengungen nicht mit angstauslösenden, bedrohenden und konfliktträchtigen Erlebnissen verbunden sind. Um besser zwischen schädlichen und unschädlichen Stressformen unterscheiden zu können, bezeichnen die Wissenschaftler heute den gesundheitsschädlichen Stress als *Dis-Stress,* den unschädlichen und nützlichen Stress als *Eu-Stress* (vom Griechischen *eu* = schön, gut).

Der »Eu-Stress« – Stress als Lebenselixier

Eu-Stress ist nicht nur unschädlich, sondern er kann den Körper vitalisieren, Freude und Lustgefühle bereiten und wirkt somit als eine Art Lebenselixier. Durch Eu-Stress werden, biologisch gesprochen, die Lustareale im Körper erregt, es werden lustvolle, angenehme Empfindungen erzeugt, von der stillen Freude bis hin zu Ausgelassenheit und Ekstase. Wer ein gesundes Leben führen möchte, sollte also nicht nur Dis-Stress meiden, sondern auch Eu-Stress suchen.

Dazu gehören vor allem Zärtlichkeit und Sexualität, sofern sie nicht mit Ängsten, Konflikten und Zwängen belastet sind. Eu-Stress-Erfahrungen lassen sich im Familienleben ebenso finden wie im Freundeskreis bei gemeinsamen Gesprächen und Unternehmungen, bei einem schönen gemeinsamen Frühstück, bei Spaziergängen, bei Spiel und Tanz, Musik und zwanglosem Sport. Auch Arbeit kann unter bestimmten Voraussetzungen Eu-Stress erzeugen, wenn sie ohne äußere Zwänge zu erledigen ist und wenn das Ergebnis sinnvoll und befriedigend erscheint. Leider treffen diese Bedingungen für die heutigen »Jobs« immer seltener zu.

Aber auch allein können Sie Eu-Stress-Erfahrungen machen. Wer immer andere braucht, um sich wohl zu fühlen, ist leicht enttäuscht, wenn diese nicht zur rechten Zeit »zur Verfügung stehen«. Machen Sie einfach öfter das, was Ihnen Spaß macht, sofern es nicht auf Kosten anderer geschieht. Gönnen Sie sich also kleine Erfolgserlebnisse und Freuden.

Haben Sie vielleicht Ihr Hobby schon lange brachliegen lassen? Wollten Sie sich seit langem mal einen Film ansehen oder opulent essen gehen?

Nehmen Sie sich die Zeit, in sich hineinzuhorchen, welche Interessen Sie gern wieder verfolgen möchten, welche Tätigkeiten Ihnen Spaß machen. Viele Menschen haben heute schon vergessen, was ihnen eigentlich gut tut. Oft bedarf es nur kleiner Veränderungen in der Organisation des Alltags, um Zeit für befriedigende Tätigkeiten zu schaffen. Die Ausrede »keine Zeit« sollte nicht mehr gelten, denn wer sich keine Zeit für die schönsten Dinge des Lebens nimmt und nur immer Pflichten erfüllt oder Höchstleistungen nachjagt, wird bald über die verlorene Zeit im Krankenbett nachsinnen können.

Unter den Eu-Stress-Reizen dürfen durchaus auch geistig und körperlich anstrengende Tätigkeiten sein. Nur wer aktiv ist, wird auch befriedigende Erlebnisse verbuchen können und sich positive Eindrücke verschaffen. Wer aus Furcht vor Stress allen Anstrengungen aus dem Wege geht, wird auch keine Eu-Stress-Erfahrungen machen können, die die Körperfunktionen aktivieren und dem oft unvermeidlichen Dis-Stress ein Gegengewicht entgegensetzen. So sind auch nicht die Menschen am gesündesten, die eine reizarme, also wenig anstrengende, aber auch langweilige und unbefriedigende Tätigkeit haben, sondern die aktiven Menschen, denen es vergönnt ist, viele befriedigende und lustvoll empfundene Tätigkeiten ausüben zu dürfen.

1.2 »Dis-Stress« – der Krankmacher Nr. 1

Als Dis-Stress haben wir den Stress bezeichnet, der eine schädigende Wirkung auf den Körper ausübt – oft, ohne dass

Sie ihn immer bewusst wahrnehmen. Im Gegenteil: Gerade weil uns oft nicht bewusst wird, dass wir unter Stress stehen, hat dieser Stress seine gefährliche Wirkung. Besonders dann, wenn es sich um Dauerstress handelt.

Wer denkt denn schon daran, dass Dis-Stress bereits einsetzen kann, wenn wir einen spannenden Krimi oder ein Fußballspiel im Fernsehen ansehen oder uns als Autofahrer über andere Verkehrsteilnehmer ärgern? Eine Summe solch kleiner »Stressoren« oder ein lang andauernder Stressor sind auf die Dauer gesehen mindestens genauso schädlich wie wirklich Gefahr bringende Situationen. Während letztere heute seltener geworden sind, ist die Dauerberieselung mit kleineren Stressoren *das* Merkmal unserer Zeit.

1.2.01 So entsteht Dis-Stress

Sosehr wie wir uns viel Eu-Stress verschaffen sollten, gilt es auch, Dis-Stress zu vermeiden. Im Folgenden möchte ich Ihnen eine Reihe von Stressoren aufzählen, die Sie nach Möglichkeit abstellen sollten.

Falsche Zeiteinteilung

Eine der häufigsten Stressquellen unserer Tage ist der »chronische Zeitmangel«. Obwohl Sie genau wissen, dass auch Ihre Woche nur sieben Tage und Ihr Tag nur 24 Stunden hat, verplanen Sie Ihre Zeit, als stünde Ihnen das Doppelte davon zur Verfügung. Es ist nur einleuchtend, dass Sie dabei ständig in Zeitdruck geraten, sich abhetzen und andauernd befürchten müssen, zu spät zu kommen und unangenehm aufzufallen oder wichtige Dinge nicht erledigen zu können. Diese Furcht allein genügt schon, um im Körper das Signal »Stress« auszulösen. Dabei müssen Sie sich persönlich noch gar nicht gestresst fühlen. Sie blicken nur alle paar Minuten auf die Uhr, schauen immer wieder auf den Fahrplan oder trippeln »nervös« an der Haltestelle herum, als ob dann die Straßenbahn schneller käme. In Ihrem Inneren laufen währenddessen Vorstellungen ab, was alles passieren könnte, wenn Sie zu spät erscheinen. Falls sich dann die Befürchtung bewahrheitet und Sie merken, dass Sie den Termin nicht einhalten können, signalisieren feuchte Hände, Schweißausbrüche, schneller Herzschlag und Fluchtgedanken, dass der Stressablauf in vollem Gange ist. Wohl dem, der dann noch ein paar Treppen zu Fuß gehen und sich dabei abreagieren kann!

Wer bereits morgens um jede Minute geizt und fast immer eher fünf Minuten zu spät als zu früh aufsteht, hat bereits etliche Stresshormon-Ausschüttungen veranlasst, noch bevor der Tag richtig begonnen hat.

Dass jedoch auch viele Menschen unter dem Druck drohender Arbeitslosigkeit gezwungen werden, sich Stress durch zu viel Arbeit aufzuladen, soll nicht vergessen werden. Denken Sie hier z.B. an die vielen LKW-Fahrer, denen Entlassung droht, wenn sie eine bestimmte tägliche Fahrleistung nicht schaffen, und die deshalb unter Missachtung geltender Vorschriften übermüdet ans Steuer müssen. Viele Verkehrstote sind dadurch jedes Jahr zu beklagen.

Oft ist jedoch das Gefühl, keine Zeit zu haben, auch das Ergebnis einer falschen Arbeitsorganisation. So stressfördernd starre Stundenpläne auch sein können, so stressfördernd ist es auch, wenn Sie Ihre Arbeit planlos trödelnd verrichten.

Die scheinbare Freiheit, die Sie sich dabei herausnehmen, müssen Sie oft teuer bezahlen. Das versäumte Pensum können Sie schließlich nur schaffen, wenn später in Tag- und Nachtarbeit die verlorene Zeit eingeholt wird. Das Beste ist deshalb eine vernünftige Planung, die Zeit und Freiheit für bedürfnisgerechte Beschäftigungen lässt. Ein Terminplan also, der die beruflichen Verpflichtungen so einplant, dass noch genug Zeit für private Erledigungen und schöpferische Pausen bleibt – Zeit zum Leben also.

Konflikte im Arbeitsbereich

Von falscher Zeiteinteilung zu Konflikten im Arbeitsbereich ist es oft nur ein kleiner Schritt. Wer häufig zu spät zur Arbeit erscheint, Kunden oder Geschäftspartner warten lässt, seine Aufgaben nicht fristgerecht erledigt, wird sich bald den Unmut von Kollegen und Vorgesetzten zuziehen.

Besonders gefährdet sind Arbeitnehmer immer dann, wenn innerbetriebliche Veränderungen bevorstehen und die Belegschaft nicht erfährt, nach welchen Kriterien Versetzungen, Umgruppierungen und Entlassungen vorgenommen werden. Dieser Zustand kann oft wochen- oder monatelang andauern und erzeugt fortwährend Angststress. Dauernde Ängste und Ungewissheiten stellen aber vielleicht die größten Stressoren überhaupt dar.

Auch der Leistungsdruck im Betrieb wirkt als wichtiger Stressor. Besonders dann, wenn die Karriere ständig von Beurteilungen anderer abhängt, ist Dauerstress unvermeidlich. Es sei denn, man begnügt sich mit einer einmal erreichten Position.

Arbeitsforscher haben das so genannte »Peter-Prinzip« erkannt. Es besagt, dass jeder, der seine Arbeit gut macht, solange befördert wird, bis er eine Stelle in der betrieblichen Stufenleiter erreicht, die er nur noch unter großer Mühe und mit viel Stress ausfüllen kann. Da irgendwann die meisten Menschen auf so einen Posten kommen, sind stets zahllose Arbeitnehmer in einer Position, auf die sie besser verzichtet hätten.

Ein weiterer Stressfaktor ist die Abhängigkeit vom Vorgesetzten. Sie zwingt viele Mitarbeiter zu ständiger Selbstverleugnung und Überanpassung. Wo aber Arbeit ständiger Kontrolle unterliegt, wird sie kaum befriedigend sein können. Dazu kommen oft noch Ängste vor der Autorität Chef. Hier müssen Sie sich unbedingt klar machen, dass auch Ihr Chef nur ein Mensch mit Fehlern und Schwächen ist.

Die Zusammenarbeit mit den Kollegen ist oftmals ebenfalls stressfördernd. Sie können sie sich nicht aussuchen und müssen dennoch Tag für Tag mit ihnen den Raum teilen und sogar noch harmonisch mit ihnen zusammenarbeiten. Wo aber innerhalb der Belegschaft unausgesprochene Feindschaften bestehen, wo einer über den anderen hinter dessen Rücken tuschelt, wo, kurz gesagt, eine vergiftete Atmosphäre herrscht und »Mobbing« zur Tagesordnung gehört, ist die Arbeit zwangsläufig mit einem Dauerstress verbunden, der häufig zu Krankheiten führt. Oftmals signalisiert der Körper damit nur, dass es an der Zeit ist, dieser Atmosphäre zu entfliehen. Deshalb sind auch solche Krankheitserscheinungen unbedingt ernst zu nehmen. Sie sollten sie als Alarmzeichen dafür deuten, dass etwas an den Ursachen geändert werden muss.

Konflikte im privaten Bereich

Die letzten hundert Jahre Entwicklung unserer Gesellschaft brachten es mit sich, dass sich heute die meisten Menschen in den verschiedensten Umwelten zurechtfinden müssen. Es wird in einer »Schlafstadt«, in einem Vorort gewohnt, im Stadtzentrum gearbeitet, und Freizeit sowie Urlaub werden wiederum an anderen Orten und mit anderen Menschen verbracht. Früher war das anders. Arbeits- und Wohnstätte waren meist nicht getrennt, Reisen und Urlaub nahezu unbekannt. Die heute durch das »Pendeln« bedingten ständig wechselnden Umweltreize, die ständig neuen Kontakte müssen verarbeitet werden. Besonders schwierig ist das, wenn in den verschiedenen Bereichen jeweils verschiedene Rollen gespielt werden müssen, man sich also zum Beispiel in einem Umfeld leger geben kann, im anderen wieder geschäftlich korrekt zusammennehmen muss.

Oft schlagen sich auch die Konflikte aus einem Bereich im anderen nieder. Besonders häufig ist dies der Fall, wenn Ärger aus dem Büro unbewältigt nach Hause und in die Familie hineingetragen wird. Sie werden alle das Gefühl kennen, dass Sie zu Hause nicht abschalten können, dass Sie auch im Kreise Ihrer Familie immer wieder an Ihre Arbeit denken, anstatt zu entspannen und sich Tätigkeiten zu widmen, die Ihnen Eu-Stress verschaffen könnten. In solchen Fällen ist es oft nicht zu vermeiden, dass der Ärger am Arbeitsplatz privaten Ärger nach sich zieht. Die Partnerin fühlt sich vernachlässigt, wenn der Mann mit dem Büro »verheiratet« ist. Statt das Familienleben zu pflegen, ist der Mann auf seine Arbeit fixiert, entsprechend schlecht gelaunt und trägt so zur wiederum stressfördernden Vergiftung der häuslichen Atmosphäre bei. Diese Situation ist auch für die Partnerin belastend, besonders wenn es zu keiner Aussprache über diesen Zustand kommt und sich dadurch Dauerstress einnistet.

Oft hat auch die Frau mit ihrer Berufstätigkeit oder ihrer Tätigkeit im Haushalt Probleme, die sie nun nicht mit dem Partner besprechen kann. Beide Partner fühlen sich von zwei Seiten belästigt: von ihren beruflichen Problemen und der häuslichen Atmosphäre. Es melden sich Gefühle der Unsicherheit, der Angst, nicht mehr geliebt oder verlassen zu werden. Diese Stressoren beeinflussen wiederum den Hormonhaushalt, führen zu Erkrankungen und Nervenstörungen, etwa zu Anfällen von Migräne oder Sexualstörungen, was wiederum die Entfremdung zwischen den Partnern verstärken kann.

Natürlich sind nicht nur die Probleme zwischen den Partnern zu nennen, sondern auch die Probleme der Eheleute mit den Kindern und der Kinder mit der Schule. Schließlich gibt es auch noch mit Verwandten und mit Nachbarn Konflikte, die stressauslösend sein können.

Ärger im Straßenverkehr

Während ich an diesem Buch schreibe, herrscht bei uns im Hunsrück winterliche Katastrophenstimmung. Verschneite und vereiste Straßen, Schneeverwehungen, schlecht geräumte Wege und Plätze machen das Vorwärtskommen schier unmöglich. Jeder kann sich vorstellen, wie stark beansprucht alle Verkehrsteilnehmer bei solchen Witterungsbedingungen sind. Jetzt gibt es selbst bei Fußgängern, die sich auf spiegelglatten Straßen vorantasten müssen, Stressalarm im Körper. Für die Autofahrer ist höchste Vorsicht geboten. Jeder von Ihnen, der schon bei solchen Verhältnissen hinter dem Steuer gesessen hat oder auch nur als Beifahrer mitfuhr, weiß, wie sehr ständige Konzentration nötig, wie jeder Bremsvorgang auf spiegelglatter Straße ein Wagnis mit ungewissem Ausgang ist, jedes Anfahren und Abbiegen konzentriertes Lenken und Gasgeben erfordert.

Der Autofahrer ist in mehrfacher Hinsicht gestresst. Erstens versagen alle bisherigen Reaktions- und Orientierungsmuster. Zweitens ist man ziemlich hilflos der Eigendynamik des Fahrzeuges ausgeliefert, hat also sein Leben nicht mehr in der Hand. Drittens ist die reale Gefahr größer geworden, da auch die anderen Verkehrsteilnehmer mehr oder weniger unberechenbar geworden sind. Dazu kommt oft die Angst, zu spät zum Arbeitsplatz zu kommen.

Aber auch bei normalen Witterungsbedingungen, wenn wir meinen, alles im Griff zu haben, stehen wir als Autofahrer unter einem messbaren Stress, und zwar nicht nur in ausgesprochenen Gefahrensituationen, sondern auch im Normalbetrieb. Dazu gehört etwa der Stress, den uns der Verkehrslärm bereitet oder der Stress durch die Luftverschmutzung auf belebten Straßen. Der menschliche Organismus braucht Sauerstoff zur Aufrechterhaltung seiner Funktionen. Wird er damit schlecht versorgt, treten gar noch giftige Schadstoffe hinzu, reagiert er mit Stress.

Der Wunsch, schnell voranzukommen, geboren aus stressförderndem Konkurrenzverhalten, aus Ehrgeiz oder Termindruck, fördert die Gefahrensituation und damit den Stress.

So hat man durch Messungen festgestellt, dass bei jedem Überholmanöver Puls und Blutdruck beträchtlich in die Höhe schnellen. Ebenso steigt der Stress bei erhöhter Geschwindigkeit, da dies zwangsläufig erhöhte Konzentration erfordert. Konkurrenz- und Leistungsdenken im Straßenverkehr verstärken auch den Ärger über andere Verkehrsteilnehmer, die sich nicht an diesem ständigen Konkurrenzkampf beteiligen wollen und so nicht als Partner, sondern als »Hindernisse« angesehen werden.

Konkurrenzverhalten zeigt sich schließlich auch darin, dass viele Menschen mit ihren Kollegen und Bekannten darin wetteifern, ein möglichst noch schnelleres, schickeres und noch angeseheneres Auto zu besitzen, selbst wenn sie es sich im Grunde gar nicht leisten können. Die Folge: Sie müssen mehr arbeiten und Schulden machen, was wiederum den Dis-Stress erhöht.

Nicht nein sagen können

Haben Sie auch schon die Erfahrung machen müssen, dass sich Tugenden in ihr Gegenteil verkehren können? So kann zum Beispiel Hilfsbereitschaft zum Stress werden, wenn man Hilfe zusagt, ohne sie wirklich leisten zu können. Wenn Sie merken, dass sich Nachbarn oder Bekannte vorzugsweise an Sie wenden und Sie um Gefälligkeiten bitten, dann sollten Sie sich durchaus selbstkritisch überlegen, ob solche Gefälligkeiten noch im Rahmen bleiben und Sie sie ohne Gefährdung Ihrer Gesundheit erledigen können. Wahrscheinlich gehören Sie dann auch zu den Menschen, die nie »nein« sagen können. Dies kann verschiedene Ursachen haben, und nicht immer sind Edelmut und Menschenliebe der ausschlaggebende Grund. Oft ist es eine Konfliktscheu aus Angst, andere zu kränken und damit zu verlieren. Oft stellen die Menschen, die nicht »nein« sagen können, überhöhte moralische Anforderungen an sich. Damit will ich keinesfalls einem schrankenlosen Egoismus das Wort reden, aber es hat sich oft genug gezeigt, dass nur derjenige auf Dauer wirkungsvoll helfen kann, der auch in der Lage ist, sich eigene Wünsche zu erfüllen und dabei Eu-Stress erlebt. Wer die eigenen Bedürfnisse ständig hintanstellt, um für andere da sein zu können, überfordert sich leicht selbst und läuft Gefahr, sich auf diese Weise krank machenden Dis-Stress aufzuhalsen. Diesen Stress wollen sich solche Menschen allerdings oft nicht eingestehen, weil sie ja glauben, alles »gerne« für die anderen Menschen zu tun. Aber gerade das Nicht-Wahrnehmen von Stress ist daran ja das Gefährliche.

Nicht nein sagen können heißt oft auch, allen Konflikten aus dem Wege zu gehen, nie zu widersprechen und dadurch schließlich sich selbst zu verleugnen. So geht manch einer von uns aus einem konfliktbeladenen Gespräch mit dem unbefriedigenden Gefühl heraus, dass er es »dem Mann hätte geben müssen«, statt ihm wiederum nach dem Munde zu reden. So sind auch manche privaten Beziehungen auf Sand gebaut, nämlich auf dem Verzicht, sich gegenseitig auch einmal die Meinung zu sagen und auf die Durchsetzung der eigenen Bedürfnisse zu pochen.

Ein schlechtes Gewissen ist kein sanftes Ruhekissen

»Ein gutes Gewissen ist ein sanftes Ruhekissen«, war auf ein Sofakissen meiner Großmutter gestickt. So altmodisch dieser Spruch auch klingen mag, er hat, wie viele Sprichwörter, einen wahren Kern: Viele Menschen werden ständig vom schlechten Gewissen geplagt. Dass das stressfördernd sein kann, wird oft nicht bemerkt, denn ebenso wie beim Nicht-nein-sagen-Können sind es oft tief sitzende moralische Normen, denen wir uns unterworfen haben, weswegen wir eigene Bedürfnisse missachten. Niemand sollte ein schlechtes Gewissen haben, wenn er sein Leben nicht dem Nächsten opfert, sondern auch eigene Lebensziele verfolgt. Wer unter schlechtem Gewissen leidet, muss einmal in sich gehen und sich fragen, warum er Dinge tut, die er glaubt, nicht vor sich verantworten zu können. Hat er dies geprüft, muss er entweder seine Handlungen oder seine Normen ändern. Wenn er jedoch weiterhin mit schlechtem Gewissen herumläuft, so führt dies früher oder später mit Sicherheit zu chronischen Erkrankungen, den so genannten psychosomatischen (seelisch-körperlichen) Störungen. Unbewusst will man sich dann nämlich durch die Krankheit selbst bestrafen, weil man etwas vermeintlich Schlechtes getan hat oder weiterhin tut. Besonders gefährlich ist das schlechte Gewissen dann, wenn es dadurch entsteht, dass man glaubt, bestimmten Anforderungen nicht gewachsen zu sein. Nach den Erfahrungen aus meiner Praxis scheinen mir hier besonders Frauen betroffen zu sein. Viele von ihnen glauben, ihre Kraft dem Wohl ihrer Familienangehörigen widmen zu müssen, und leben in ständiger Angst, dies nicht zur vollen Zufriedenheit von Ehemann und Kindern zu tun. Der Grund mag darin liegen, dass Frauen vielfach dazu erzogen wurden, sich für andere aufzuopfern, statt eigene Lebensziele zu verwirklichen. Das Vertreten eigener Interessen und Bedürfnisse ist eine Voraussetzung für ein befriedigendes Leben, für geistiges und körperliches Wohlbefinden. In meinem Buch »Naturheilmittel gegen Frauenleiden« (ProVital Versand) habe ich mich ausführlich mit diesem Thema beschäftigt.

Falscher Opferwille – der Fall von Marianne B.

An dieser Stelle fällt mir die Geschichte von Frau Marianne B. ein. Sie war Hausfrau und hatte vier Kinder von 19, 15, 13, und 11 Jahren. Sie berichtete Folgendes:

»Mein Leben verlief eigentlich immer in geregelten Bahnen, sofern man das typische Leben einer Mutter als geregeltes Leben betrachten kann. Während meiner Ausbildung zur Fremdsprachen-Korrespondentin wurde ich schwanger und bekam dann mit 20 Jahren meine erste Tochter. Sie ist heute 19. Natürlich musste ich meine Ausbildung abbrechen und mich ganz der Erziehung meiner Tochter widmen. Ich dachte mir, dass ich meinen Beruf wieder aufnehmen könnte, sobald sie alt genug wäre, um in den Kindergarten zu gehen. Doch die Dinge kamen ganz anders. Schon bald bekam ich meine zweitälteste Tochter, sie ist heute 15, kurz darauf meinen Sohn und dann noch meine jüngste Tochter, die heute 11 Jahre alt ist.

Sie können sich vorstellen, dass ich als Mutter stark gefordert wurde. Der Haushalt, die Kindererziehung, Hilfe bei den Schularbeiten, Probleme mit der ›ersten Liebe‹ meiner ältesten Tochter und auch meines Sohnes waren ebenso zu bewältigen wie die Schwierigkeiten in der Schule, pubertäre Krisen und dergleichen mehr.

Natürlich verlangte auch mein Mann von mir immer den vollen Einsatz. Er wollte stets verwöhnt sein und fühlte sich als Ernährer und ›Pascha‹ im Hause. Meine Arbeit war für ihn selbstverständlich, und er konnte einfach nicht verstehen, wie anstrengend es ist, einen Haushalt mit vier Kindern zu führen.

Trotz meines doch völlig ausgefüllten Lebens stellte ich in den letzten Jahren dann fest, dass ich immer unzufriedener wurde. Meine Arbeit im Haushalt und auch die Kindererziehung machten mir keinen Spaß mehr; mir fehlte einfach die Anerkennung durch andere Menschen und Kontakt zur Außenwelt. Kurz gesagt: Mir fiel die Decke auf den Kopf, ich wurde lustlos und depressiv. Die Folge war, dass es in meiner Ehe zu kriseln begann. Ich hatte Schlafstörungen, fing immer öfter an zu weinen und wusste mit mir selbst nichts mehr anzufangen.

Natürlich ging ich zum Arzt. Ich bekam Beruhigungspillen und so genannte ›Glückspillen‹ verordnet. Doch damit fühlte ich mich auch nicht wohler, sondern war nur ständig benommen. Auch andere Ärzte konnten mir nicht helfen. Sie fanden mein Leben völlig normal und wunderten sich nur darüber, dass ich damit nicht mehr zufrieden war.«

»Tranquilizer und Glückspillen« waren für Frau B. nicht die richtige Therapie. Der Grund für ihre Verzweiflung lag klar auf der Hand: Sie stellte ihre eigenen Bedürfnisse und Interessen hinter denen ihrer Familie zurück. Das konnte auf Dauer nicht gut gehen, denn ein aktiver Mensch wie Frau B. brauchte einfach mehr Selbstbestätigung und Anerkennung, als eine Hausfrau normalerweise von ihrer Familie erwarten darf. Frau B. brauchte ganz einfach eine berufliche Betätigung.

Marianne B. fühlte sich dafür noch nicht kräftig genug. Ihre körperliche und seelische Leistungsfähigkeit musste erst einmal völlig wiederhergestellt werden. Glücklicherweise kennt die Naturheilkunde dafür viele Behandlungsmöglichkeiten.

Marianne B. bekam daher zunächst erst mal eine Behandlungsserie mit der Sauerstoff-Mehrschritt-Therapie (siehe Seite 141). Diese Behandlung trägt – wie ich später noch ausführlich schildern werde – rasch dazu bei, das geschwächte körperliche und seelische Befinden wieder zu normalisieren.

Zur weiteren Stabilisierung des körperlichen Befindens injizierte ich Frau B. insgesamt zwanzigmal Thymus- und andere Organ-Frisch-Extrakte, mit denen ein verbrauchter und geschwächter Organismus schnell wieder regeneriert und gestärkt werden kann. Näheres dazu finden Sie ab Seite 145.

Natürlich war es sehr wichtig, neben der körperlichen Regeneration auch für eine Stabilisierung des seelischen Gleichgewichtes zu sorgen. Hierfür haben wir in unserer *Pro Vital Naturheilklinik und Ambulanz* in Stromberg (Hunsrück) schon seit vielen Jahren die *»Edelstein-Meridian-Massage«* entwickelt, deren Ziel es ist, Körper, Geist und Seele wieder in ein harmonisches Gleichgewicht zu bringen (siehe Seite 159ff.). Marianne B. erhielt davon insgesamt vier Behandlungen. Sie fühlte sich danach jedes Mal so gelöst und entspannt, dass sie auch heute – einige Jahre nach dieser Therapie – immer wieder in größeren Abständen zur Behandlung kommt, um diese harmonisierende und das seelische Gleichgewicht wiederherstellende Anwendung erneut zu genießen.

Neben der Therapie in der Praxis verordnete ich Marianne B. natürlich auch noch pflanzliche Präparate für die Einnahme zu Hause. Das wichtigste Mittel waren dabei *Loma-Hypericum-Dragees,* die mit einem hochdosierten Trockenextrakt aus Johanniskraut (Hypericum) schnell für eine psychische »Aufhellung« der Patientin sorgten. In der Pflanzenheilkunde gilt Johanniskraut nämlich als »Energiespender« und ist bekannt als der »eingefangene Sonnenschein«, der wieder Licht ins Leben bringt. Auf Grund ihres hohen Trockenextraktanteils an Johanniskraut haben sich in meiner Praxis diese *Dragees* zur Behandlung psychisch-vegetativer Störungen schon seit Jahren ganz besonders bewährt.

Nach etwa zehn Behandlungen und fünf Wochen war Marianne B. körperlich und seelisch aus ihrem Tief heraus und fühlte sich so fit wie schon lange nicht mehr. Bald nahm sie eine Halbtagsstelle an, die ihr sehr viel Befriedigung verschaffte. Heute ist Marianne B. wieder ein glücklicher Mensch, der berufliche Anerkennung findet und sich deshalb mit neuer Energie und Freude der Familie widmen kann.

Übermäßige Hektik

Ein gewisses Maß an Anspannung kann durchaus als Eu-Stress wirken, sofern wir dabei aktiv werden müssen. Diese Spannkraft, die sich in gezieltem Vorgehen, konzentriertem Zuhören, aufmerksamer Haltung und klaren fließenden Bewegungen ausdrückt, führt nämlich zu einer tiefen Befriedigung unseres Tatendrangs und hat mit der zu Recht verteufelten Hektik nicht das Geringste zu tun.

Hektik ist immer die Folge von tatsächlichem oder eingebildetem Zeitdruck und durch gründliche Organisation der Arbeit zu vermeiden (siehe den vorigen Abschnitt über falsche Zeiteinteilung). Der hektische Mensch zeichnet sich durch fahrige Bewegungen, sprunghaftes, wenig zielgerichtetes Verhalten und fehlende Konzentrationsfähigkeit aus. Er ist stets in Eile, gönnt sich keine Pause und kommt dennoch zu keinem zufriedenstellenden Ergebnis. Die Folge ist Stress und das Gefühl, nie Zeit zu haben. Dadurch bringt die Arbeit aber keine Befriedigung mehr, sondern nur noch Ärger und Leistungsdruck.

Wird Hektik zu einem Dauerzustand, ist die Gesundheit gefährdet. Hier ist schleuniges Umdenken und innere Einkehr geboten.

1.2.02 Genussgifte

Viele von uns reagieren empört, wenn sie in den Schlagzeilen der Presse von steigendem Drogenkonsum lesen. Sie machen sich aber nicht klar, dass es neben den verbotenen Rauschgiften auch gesellschaftlich anerkannte Drogen gibt, die von der Mehrzahl der Erwachsenen regelmäßig konsumiert werden und auf Dauer gesehen die Gesundheit schädigen. In erster Linie sind das Alkohol und Tabak. Aber auch Kaffee und Tee stellen, wenn auch leichtere, Genussgifte dar. Nicht vergessen werden dürfen auch die Arzneimittel, deren Verbrauch, oder besser Missbrauch, in jüngster Zeit sprunghaft angestiegen ist.

Alkoholmissbrauch

Die Statistik spricht ein deutliches Wort: 76% der Bevölkerung der Bundesrepublik verbrauchen täglich bis zu 40 g reinen Alkohol und werden in die Gruppe der Schwachtrinker eingereiht. Um dieses Quantum zu erreichen, genügt schon der tägliche Genuss eines Gläschens Wein oder einer Flasche Bier. Etwa 3 % der Bevölkerung jedoch trinken das Doppelte oder mehr, sind also »Starktrinker«.

Was veranlasst die Menschen zu diesem gesteigerten Verzehr von Giften? Oft wird Alkohol getrunken, um Konflikte zu bewältigen, gemäß Wilhelm Buschs Motto: »Wer Sorgen hat, hat auch Likör.« Damit werden die Sorgen und damit der Stress aber keineswegs beseitigt, sondern das Gegenteil geschieht: Der zusätzlich durch Alkohol geschwächte Körper ist immer weniger in der Lage, die Stressfolgen zu verarbeiten. Stressschädigung und Alkoholschädigung addieren sich. Dazu kommt das Risiko, süchtig zu werden – ein Ergebnis des Zusammenwirkens von Alkohol und persönlichen Konflikten. Wer sich von seiner Umwelt unter Druck gesetzt fühlt und keine Veränderungsmöglichkeiten mehr sieht, greift leicht zur Droge Alkohol, weil er sich dann kurzzeitig von inneren Spannungen befreit fühlt. Da er sich jedoch spätestens am nächsten Tag nach dem Abklingen des Rausches wieder mit den gleichen Problemen konfrontiert sieht, greift er immer wieder zur Droge und wird immer weniger fähig, seine Probleme wirklich in den Griff zu bekommen. Mit zunehmendem Alkoholgenuss wird die eigene Aktivität immer stärker eingeschränkt. Die Fähigkeit, Eu-Stress zu erleben, geht immer mehr verloren, denn die Alkoholwirkung täuscht nur einen angeheiterten Zustand vor, eine wirkliche innere Fröhlichkeit dagegen wird verhindert. Unter Alkoholeinfluss lassen die Leistungen im Beruf ebenso nach wie die Kommunikationsfähigkeit. Dagegen steigt die Missachtung der Umwelt für den Süchtigen. Wer beginnt, Alkohol als »Problemlöser« und »Stressbremse« einzusetzen, hat den ersten Schritt zur Sucht bereits getan. Statt Stressschäden abzubauen, schädigt man Nerven und Körperzellen noch zusätzlich.

Nikotin

Ein reines Gift ist Nikotin, das im Tabak enthalten ist. Nikotin verengt die Blutgefäße, sodass die Durchblutung gestört und der Kreislauf belastet wird. Es trägt wesentlich zur Entstehung von Herz- und Kreislaufkrankheiten bei und verstärkt somit die negative Wirkung des Stresses. Giftiges Nikotin und Teerstoffe setzen sich in den Bronchien und Lungen fest und führen zu oft todbringenden Bronchial- und Lungenleiden. Trotz dieser allseits bekannten Risiken wird der »Selbstmord auf Raten« weiterhin von einem großen Teil der Bevölkerung verübt, wobei in immer jüngeren Jahren damit angefangen wird.

Die Motive hierfür ähneln denen der Alkoholtrinker. Der Wunsch, Stress und Spannungen abzubauen, sich zu beruhigen, und der Wunsch nach Kommunikation stehen im Vordergrund. Diese Motive zeigen bereits, dass meist Stresssituationen vorhanden sind, wenn der Raucher nach seiner Zigarette lechzt, die diese betäuben soll. Eine Problemlösung wird dadurch ebenso wenig erreicht wie ein Abbau des Stresses.

Nach einiger Zeit kommen alle Anzeichen einer Sucht dazu. Der Körper ist bereits so vergiftet, dass er nach immer mehr Gift verlangt, eine natürliche Kontrolle ist nicht mehr vorhanden. Die Giftwirkung von Nikotin und die gesundheitsschädigende Wirkung des Stresses verstärken einander und führen bald zu dauerhaften Schäden.

In meinem Buch »Nie mehr Rauchen – der schnellste Weg zur letzten Zigarette« (Moewig Verlag) habe ich mich ausführlich mit der Problematik des Rauchens befasst, die Gefahren der Nikotinsucht beschrieben und Nichtrauchern Mittel und Wege aufgezeigt, sich gegen die rücksichtslose Luftverpestung von Rauchern erfolgreich zur Wehr zu setzen. Aber auch die Raucher werden nicht allein gelassen, denn in dem erwähnten Buch finden sie selbstverständlich viele bewährte Entwöhnungskuren, mit denen sie in kurzer Zeit oder sogar sofort – *in weniger als einer Stunde* – auf einfache, aber erfolgreiche Weise von ihrer Tabaksucht loskommen können.

Kaffee / Tee

Beide Getränke enthalten den Giftstoff Koffein. Dieser wirkt in kleinen Mengen kreislaufanregend. Deshalb trinken viele Menschen bereits beim Frühstück Kaffee, um ihren Kreislauf in Schwung zu bringen. Bei jeder auftretenden Müdigkeitsphase wird dann im Laufe des Tages wiederum nach den koffeinhaltigen Getränken gegriffen, anstatt eine kleine Ruhepause einzulegen. Doch wie alle Genussgifte hat auch das Koffein nur eine kurzzeitige Wirkung. Einem kurzzeitigen Leistungsaufschwung folgt ein umso stärkerer Leistungsabfall. Um aufs Neue positive Wirkung zu empfinden, muss die Dosis gesteigert werden, sodass ein verhängnisvoller Kreislauf entsteht. Der müde Körper verlangt nach der Droge, die nach einiger Zeit wiederum zur erneuten Ermüdung führt. Eine Erholung findet nicht statt, eine natürliche Kontrolle über die Leistungsfähigkeit des Körpers ist nicht mehr gewährleistet. Gewohnheitsmäßige Kaffeetrinker verlieren das Gefühl für das natürliche Auf und Ab von Spannung und Entspannung, von Leistungsfähigkeit und Müdigkeit. Dazu kommt, dass auch unsere Arbeitsbedingungen mit ihren festen Stunden- und Terminplänen dazu beitragen, dass dieses Gefühl verloren geht. Mangelnde Erholungsphasen sind jedoch ein wesentlicher Auslöser für Dis-Stress.

Größere Mengen Kaffee oder Tee sind keineswegs harmlos für den Körper. Sie wirken verengend auf die Blutgefäße des Gehirns und fördern die Neigung zum Gehirnschlag. Darüber hinaus schädigen sie auch in erheblichem Maße die Magenschleimhaut, die gerade bei Stresskranken sowieso schon oft vorgeschädigt ist. Auch hier gilt, dass gegen eine gelegentlich genossene Tasse Kaffee oder Tee am Nachmittag oder nach einem guten Essen nichts einzuwenden ist, dass aber das gewohnheitsmäßige Hineinschütten dieser Droge unbedingt vermieden werden muss.

Alle Genuss- und Betäubungsmittel haben letztlich gemeinsam, dass sie stresserzeugende Konflikte nicht aus der Welt schaffen, sondern die Stresswirkung nur kurzfristig betäuben, die danach aber unvermindert stark wieder auftritt.

1.2.03 Falsche Ernährung und falsche Essgewohnheiten

Dieser Abschnitt folgt nicht zufällig unmittelbar den Abschnitten über die Drogen. Auch der Umgang mit Nahrungsmitteln zeigt vielfach eine enge Verwandtschaft zur Drogensucht. Denken Sie nur an den Genuss von Süßigkeiten oder an das gedankenlose Hinunterschlucken von salzigen Chips vor dem Fernseher! Ganze Zweige der Nahrungsmittelindustrie leben mittlerweile von der Produktion solcher gesundheitsschädigenden Produkte.

Aber auch Vielessen oder Wenigessen und die immer häufiger vorkommende Kombination beider Erscheinungen haben Suchtcharakter. Mit den falschen Essgewohnheiten wird, wie mit den Drogen, häufig versucht, Probleme und stressauslösende Konflikte zu betäuben, weil eine Lösungsmöglichkeit nicht gesehen wird.

Unregelmäßige Mahlzeiten

Viele Berufstätige sind tagsüber außer Haus oder müssen nach unregelmäßigen Schichtplänen arbeiten, sodass wenig Zeit für ein in Ruhe und angenehmer Atmosphäre eingenommenes Mahl bleibt. Unser Körper braucht jedoch ein Mindestmaß an Regelmäßigkeit, auch beim Essen. Das zeigen die Erfahrungen mit Langstreckenflügen, wo durch die Zeitverschiebung sämtliche Körpervorgänge außer Takt geraten und anschließend eine mehrtägige Umgewöhnungszeit erforderlich ist. Ähnliche Folgen haben auch ständig wechselnde Essenszeiten, die dem Körper dauernden Stress abverlangen.

Falsche Essgewohnheiten

Sie sollten sich für jede Mahlzeit angemessen Zeit reservieren und gönnen. Diese ist nötig, um das Essen zu genießen, es genügend kauen und einspeicheln zu können, was die Verdauung wesentlich erleichtert. Eine gute Verdauung ist nämlich von größter Wichtigkeit für das Funktionieren aller unserer Körpervorgänge.

Falsche Ernährung

Ein altes Sprichwort sagt: »Der Mensch ist, was er isst.« In jüngster Zeit haben viele Forschungen in eindrucksvoller Weise die Richtigkeit dieses Satzes beweisen können. Leider hat sich dabei herausgestellt, dass eine immer größere Anzahl unserer Nahrungsmittel die Bezeichnung »Lebensmittel« eigentlich nicht mehr verdient. Sie sind von ihrer Zusammensetzung und ihren Inhaltsstoffen her nämlich wenig dazu geeignet, das Leben und Überleben zu ermöglichen, sondern viel eher dazu, Krankheiten zu fördern.

Schuld daran sind vor allem die in den Nahrungsmitteln enthaltenen chemischen Schadstoffe.

Die heutige im großen Stil industriell arbeitende Landwirtschaft kann nicht mehr profitabel genug arbeiten, wenn den Produkten nicht gesundheitlich bedenkliche chemische Mittel zugesetzt werden. Denken Sie nur an die Dünge- und Insektenbekämpfungsmittel oder an die Spritzen, die künftigen Schlachttieren verabreicht werden, damit sie ihre unnatürliche Lebensweise überhaupt durchstehen und den Tag erleben, an dem sie die Größe erreicht haben, bei der sie zur Schlachtbank geführt werden können.

Dazu kommt, dass eine Vielzahl von Umweltgiften aus den Industrieanlagen, Heizungsanlagen und unseren Autos auf die landwirtschaftlichen Nutzflächen gelangt, herabregnet oder vom Wind herbeigeweht wird und von da aus in unsere Nahrungskette kommt. Diese Anhäufung von Giftstoffen, die wir zwangsläufig mit der Nahrung aufnehmen, hat bereits zu vielen Allergien, Stoffwechselkrankheiten und Krebserkrankungen geführt. Neuere Forschungsergebnisse aus den USA lassen vermuten, dass etliche der Nahrungsgifte auch psychische Auswirkungen haben können. So wird zum Beispiel angenommen, dass die Phosphate, mit denen Wurst, Käse, Colagetränke und andere Nahrungsmittel »angereichert« werden, die Pufferkapazität unseres Organismus überfordern und Nervosität und Konzentrationsstörungen hervorrufen können. Gerade Kinder sind dafür besonders anfällig, worüber sich immer mehr Lehrer beklagen. Oftmals reicht es schon aus, wenn Kinder ein mit Wurst belegtes Frühstücks- bzw. Pausenbrot essen, dazu Cola trinken, zum Mittagessen phosphatreiche industrielle Billigprodukte wie Fischstäbchen verzehren und abends wieder Wurst und Käse vorgesetzt bekommen.

Der Verzehr von Giftstoffen, die den Nahrungsmitteln zugesetzt werden, ist umso bedenklicher, als wir ohnehin alle gezwungen sind, zellschädigende Umweltgifte wie Blei und Cadmium zu uns zu nehmen, weil sie sich in der Luft und im Boden befinden.

Viele Nahrungsmittel sind jedoch auch unabhängig von ihrem Gehalt an chemischen Schadstoffen ungesund und belastend für den Körper. Dazu gehören vor allem Kochsalz, Zucker, ausgemahlene Mehle und tierische Fette. All dies sind ja Nahrungsmittel, die erst in jüngerer Zeit in größerem Umfange verzehrt werden.

Zu viel *Kochsalz* bindet Wasser im Körper und trägt zur Erhöhung des Blutdrucks bei, was zusammen mit anderen

Stressfolgen das Risiko von Herz- und Kreislauferkrankungen beträchtlich erhöht. Kochsalz findet sich nicht nur im Salzstreuer, den Sie natürlich sehr vorsichtig handhaben sollten, sondern auch in vielen industriell gefertigten Nahrungsmitteln – so im Käse, in der Wurst, in vielen Konserven und Fertiggerichten.

Viele Speisen in Gaststätten sind versalzen, vielleicht weil sich die Wirte einen größeren Durst der Gäste nach dem Essen erhoffen. Untersuchungen haben ergeben, dass bei uns mehr als das Zehnfache des normalen Tagesbedarfs an Kochsalz verbraucht wird. Unser Wunsch nach Gesalzenem beruht zumeist auf einer üblen Gewohnheit und Überreizung unserer Geschmacksnerven. Wer nach und nach weniger Salz zu sich nimmt, wird innerhalb weniger Wochen mit deutlich geringeren Mengen auskommen, ohne nachsalzen zu wollen. Die Speisen mit den vorher üblichen Salzmengen erscheinen dann versalzen.

Der industriell hergestellte *Zucker* gilt heute allgemein als »Vitaminkiller«, das heißt, zu seiner Aufbereitung im Körper werden sehr viele Vitamine verbraucht, die dem Körper dann fehlen. Dazu kommt seine schädliche Wirkung auf die Zähne und die Darmflora. Außerdem trägt der Genuss von zuckerhaltigen Nahrungsmitteln wesentlich zur Bildung von ungesunden Fettpolstern am Körper bei. Unter diesen Gesichtspunkten gesehen ist Zucker ein ausgesprochenes Genussgift. Für diese Betrachtungsweise spricht auch, dass Süßigkeiten oft als »Trostspender«, also zur Ablenkung von Konflikten genascht werden und damit eine ähnliche Aufgabe wie die »echten« Genussgifte erfüllen.

Auch die heute allgemein gebräuchlichen *Auszugsmehle* stellen keine vollwertigen Nahrungsmittel dar. Durch das Ausscheiden der Getreidehüllen, die alle für den Körper lebenswichtigen und gesunden Stoffe enthalten, bleibt ein Mehl zurück, das keinerlei gesundheitsfördernde Stoffe enthält und den Körper nur belastet. Abhilfe schaffen Sie, indem Sie nur Produkte aus Vollkornmehl verwenden.

Ausgesprochen gesundheitsschädlich können auch *tierische Fette* sein, wenn sie im Übermaß genossen werden. Sie enthalten überwiegend die einfach ungesättigten Fettsäuren, die vom Körper schlecht verarbeitet werden und die Cholesterinablagerungen in den Blutgefäßen fördern. Eine Nahrung, die reich an tierischen Fetten ist, erhöht, ebenso wie der Dis-Stress, den Cholesterinspiegel im Blut und führt zu koronaren Herzerkrankungen wie Arterienverkalkung und Herzinfarkt. Lediglich die Butter bildet eine Ausnahme und kann zumindest von nicht vorgeschädigten Personen unbedenklich gegessen werden. Ansonsten sollten Sie stets auf kaltgepresste Pflanzenöle mit einem hohen Anteil mehrfach ungesättigter Fettsäuren ausweichen, die der Körper benötigt. Vor allem sollten Sie den Konsum von Fleisch, Wurst und Käse deutlich reduzieren.

Die falschen Essgewohnheiten haben infolge unseres Wohlstandes und mangelnder Zeit erhebliche Ausmaße angenommen. Während noch vor einigen Jahrzehnten gesunde, ballaststoffreiche und fettarme Nahrungsmittel wie Gemüse, Hülsenfrüchte und Kartoffeln auf dem Speiseplan der meisten Familien standen, glaubt man heute, sich Fleisch leisten zu müssen.

Anstatt ab und zu mal ein gutes Stück Fleisch als Beilage zu Gemüsen richtig zu genießen, verzehren heute viele Bundesbürger gewaltige Mengen billigen, schadstoffreichen und ungesunden Fleisches, ohne dadurch wirklich einen echten Genuss zu erleben. Der Verbrauch an gesunden pflanzlichen Speisen ist demgegenüber leider beträchtlich zurückgegangen und der geringste in Europa.

Stattdessen wird eine große Menge schadstoffreicher, schwerverdaulicher und fetter Nahrung vertilgt, ohne dass diese – infolge der Bewegungsarmut – richtig verarbeitet werden kann. Man stopft riesige Holzfällersteaks in sich hinein, während man den ganzen Tag nahezu reglos auf einem Stuhl oder in einem Sessel gehockt und keinerlei kalorienzehrende »Holzfäller-Anstrengungen« vollbracht hat. Dis-Stress ist die Folge für den Körper, meist begleitet von hartnäckigem Übergewicht, das von Jahr zu Jahr größer wird.

Übergewicht ist wohl das Hauptübel unserer Zeit und Ursache für eine Vielzahl von unterschiedlichsten Krankheiten. Übergewicht bereitet dem Organismus Stress – und das ist genau das, was wir vermeiden wollen. Damit wir in unserer hektischen Zeit gesund bleiben, müssen wir natürlich als erstes darauf achten, dem Stress, den die Umwelt und die Mitmenschen uns bereiten – und der oftmals nicht zu vermeiden ist –, nicht noch hausgemachten Stress durch falsche Ernährung hinzuzufügen. Vermeidung von Übergewicht und den damit zusammenhängenden Belastungen des Organismus ist daher eins der wichtigsten Ziele, die wir anstreben müssen. Bereits der 1989 verstorbene Prof. Dr. med. Lothar Wendt hatte erkannt, dass Übergewicht durch Fett- und Eiweißablagerungen zu einer so genannten »Speicherkrankheit« führt, die Bluthochdruck, Zuckerkrankheit des Erwachsenen, Gicht, Rheuma, Fettstoffwechselstörungen, Angina pectoris (Herzenge) und Bluteindickung zur Folge haben kann. In seinen Büchern »Gesund werden durch Abbau von Eiweißüberschüssen« (Schnitzer Verlag) und »Die Eiweißspeicher-Krankheit« (Haug Verlag), tritt er daher für eine Ernährung ein, die wenig Eiweiß – gemeint ist *tierisches* Eiweiß – enthält und so wiederum zum Abbau von Eiweißüberschüssen beitragen kann bzw. Eiweißüberschüsse von vornherein verhindert. In seiner Untersuchung stellte er dabei fest, dass somit Herzinfarkt, Schlaganfall, Blutgerinnsel, Parodontose, Arteriosklerose und Krankheiten mit Selbstzerstörung des Gewebes verhindert werden können. Prof. Wendt stellte auch klar, dass nur *tierisches* Eiweiß komplett zu menschlichem Eiweiß umgebaut werden und deshalb auch nur durch übermäßige Zufuhr von *tierischem* Eiweiß eine Eiweißspeicherkrankheit entstehen kann. Durch verstärkte Zufuhr von *pflanzlichem* Eiweiß jedoch – wie es bei einer vegetarischen Ernährung der Fall ist – können keine Eiweißspeicherkrankheiten entstehen, da die meisten Pflanzen nicht nur weniger Eiweiß als Fleischprodukte enthalten (außer Hülsenfrüchten, Nüssen, Soja), sondern von diesem besonderen Eiweiß auch nur ein geringer Teil dazu verwendet werden kann, menschliches Eiweiß aufzubauen. Fazit: Durch pflanzliche Ernährung oder durch verstärkte Zufuhr pflanzlichen Eiweißes lassen sich die vorhandenen Eiweißspeicher abbauen, Eiweißspeicherkrankheiten verhindern und somit die oben genannten Krankheiten bekämpfen und vermeiden.

Vergessen Sie niemals die Bewegung, vor allem jede Art von Sport!

1.2.04 Sportstress

Allerdings sollte man die sportliche Tätigkeit nicht übertreiben. Es gibt viele Menschen, die sich nicht nur ständig im Beruf Höchstleistungen abverlangen, sondern auch bei allem anderen, was sie tun, mit großem Ernst »nach oben« streben. Für solche Menschen wird selbst aus dem nicht organisierten Freizeitsport eine Form des Leistungssports.

Wer auf der Suche nach Stille und Erholung im Wald spazieren geht, wird häufig von gehetzten Joggern überholt, die ständig auf ihre Armbanduhr sehen, um möglichst viele Kilometer in möglichst kurzer Zeit zurückzulegen. Auf diese Weise wird eine an sich nützliche und stressabbauende Tätigkeit zu einer stressfördernden Beschäftigung. Statt Freude an der Bewegung und an der Natur zu empfinden, unterwerfen sie sich wiederum, wie am Arbeitsplatz, dem Diktat der Meter und Sekunden. Kein Wunder, dass sich viele Menschen mit dieser Einstellung geradezu zum Sport zwingen müssen, als gelte es, eine bittere Medizin zu schlucken. Wird eine Tätigkeit jedoch als Zwang empfunden, ist sie auch stets mit Dis-Stress verbunden.

Eine nochmalige Steigerung des Stresses bringt uns der Leistungssport. Hier wird nach genauen Plänen trainiert, kein

Training darf versäumt werden, ob man Lust dazu hat oder nicht. Sport wird zur Pflicht. Im Wettkampf schließlich gelten die stressfördernden Bedingungen der Leistungs- und Konkurrenzgesellschaft, gelten eigene Regeln und taktische Anweisungen, die genauestens zu befolgen sind. Individuelle Entfaltung, die echte Freude bringen kann, wird klein geschrieben, was zählt, ist der Erfolg.

Fast alles, was uns in der Arbeitswelt Stress verschafft, findet sich im Leistungssport wieder. Ein Glück, dass die Bewegung dabei wenigstens zum Stressabbau beitragen kann. Doch oftmals bringt der Leistungsdruck schon so viel Stress, dass die Bewegung nicht einmal mehr ausreicht, um ihn wieder abzubauen. Ich erinnere mich hier an ein Beispiel aus meiner Praxis.

Falscher Ehrgeiz – der Fall von Christine S.

Christine S. (35), Chefdesignerin in einer großen Bekleidungsfirma, kam eines Tages in meine Sprechstunde und erklärte mir, dass sie Magengeschwüre habe. Wie immer forschte ich bei meinem Untersuchungsgespräch zuerst einmal nach den Hintergründen für die Beschwerden, und die Patientin berichtete Folgendes:

»Wissen Sie, mein Arbeitstag beträgt nie weniger als zehn Stunden. Entwürfe ausarbeiten, Besprechungen, Abschlüsse machen, Arbeitsessen und häufige Geschäftsreisen halten mich ständig auf Trab. Es wundert mich überhaupt nicht, dass dieser Stress mir jetzt Magengeschwüre verschafft hat. Mein Arzt hat gesagt, ich müsse operiert werden. Davor habe ich Angst. Mir ist es viel lieber, die Magengeschwüre mit natürlichen Heilmitteln zu beseitigen.«

»Fühlen Sie sich denn in Ihrem Beruf überlastet?«, wollte ich wissen.

»Nein, auf gar keinen Fall. Mir macht mein Beruf sehr viel Spaß, und ich möchte ihn um nichts in der Welt missen. Ich bin ein viel zu aktiver Mensch, um in irgendeiner Weise untätig zu sein.«

»Wenn Ihnen Ihr Beruf aber so viel Spaß macht, dann ist es sehr unwahrscheinlich, dass Sie Magengeschwüre durch Ihre berufliche Belastung bekommen haben. Sorgen Sie denn für irgendeinen Ausgleich zu Ihrem Berufsalltag?«

»Natürlich«, erklärte Christine S. »Weil ich den ganzen Tag so im Stress bin, habe ich vor einiger Zeit begonnen, Tennis zu spielen, um meinem Körper wenigstens etwas Gutes zu tun. Ich mach' das sogar sehr intensiv und bin in der ersten Mannschaft unseres Vereins.«

»Das heißt doch sicher auch, dass Sie viele Turniere spielen müssen, Forderungsspiele zu bestreiten haben und viel trainieren müssen?«, wollte ich wissen.

»Natürlich, ich spiele, wenn ich zu Hause bin, mehrmals in der Woche mehrere Stunden. Das Training ist schließlich ungeheuer wichtig, denn ich möchte meinem Verein ja keine Schande machen und eventuell bei wichtigen Spielen versagen.«

Jetzt war mir klar, wo bei Christine S. die Ursache für die Magenbeschwerden zu suchen war. Nicht beruflicher Stress war schuld, denn ihr Job machte ihr ja sehr viel Spaß. Schuld war im Gegenteil ihr so genannter »sportlicher Ausgleich«, den sie aber nicht als ausgleichende sportliche Betätigung betrachtete, sondern als weiteren echten Wettbewerb. So entstand bei ihr ein Zwang zum Erfolg, der aus dem eigentlich gewollten gesundheitsfördernden sportlichen Ausgleich nun plötzlich gesundheitsschädlichen Leistungsstress machte. Jeder, der Tennis spielt, kann das nachempfinden. Die Angst, bei entscheidenden Ranglistenspielen oder bei Wettbewerben gegen andere Vereine in der Gruppen- oder sogar in der Bezirksliga zu versagen, steckt selbst dem geübtesten Turnierspieler in den Knochen und führt zu Belastungen, mit denen ein Mensch, der auch den Rest seiner Zeit fast immer unter Leistungsdruck steht, oftmals nicht mehr fertig wird. Magengeschwüre sind hier noch die harmloseste Folge, denn mir sind auch Fälle bekannt, wo es vor lauter Dis-Stress zu einem Herzinfarkt kam.

Es gelang mir, Christine S. davon zu überzeugen, dass sie ihre sportliche Wettbewerbskarriere zuerst einmal beenden müsse, wenn sie vor weiteren Gesundheitsschäden bewahrt bleiben wollte. Ich riet ihr daher, mit dem Tennisspielen aufzuhören und nur noch zu ihrem Vergnügen und nicht mehr auf Turnieren zu spielen. Ich empfahl ihr außerdem noch, weitere ausgleichende Sportarten wie Schwimmen und entspannende Hobbys wie z. B. Töpfern auszuüben.

Gegen ihre Magenbeschwerden gab ich Frau S. neuraltherapeutische Injektionen in den Oberbauch, die das vegetative Nervensystem beruhigen und entspannend und entkrampfend wirken. Als physikalische Maßnahmen setzte ich bei Frau S. zusätzlich die Tiefenüberwärmung mit wassergefiltertem Infrarot-A-Licht (wIRA) und das pulsierende Magnetfeld ein. Die Tiefenüberwärmung sorgte für eine bessere Durchblutung und damit Entspannung und Entkrampfung im Magen-Darmbereich. Außerdem half die dabei entstehende hohe Temperatur von über 42° im tieferliegenden Gewebe, die Entzündungen der Magenschleimhaut schneller auszukurieren. Natürlich hatte die Überwärmung auch einen überaus entspannenden Effekt auf das *Sonnengeflecht* (Plexus solaris), einen wichtigen Nervenknoten des vegetativen Nervensystems, der sich in unmittelbarer Nachbarschaft des Magens befindet. Die Wirkung der neuraltherapeutischen Injektionen in den Oberbauch wurde dadurch intensiv unterstützt.

Das pulsierende Magnetfeld bewirkte eine intensive Sauerstoffversorgung des gesamten Bauchraumes. Schon vor Jahren wurde wissenschaftlich festgestellt, dass sich im Wirkungsbereich des pulsierenden Magnetfeldes die Sauerstoffkonzentration im Gewebe um bis zu 300% erhöht. Dadurch aber konnten die Heilungsbestrebungen der Schleimhaut und des Gewebes deutlich unterstützt werden. (Näheres zu den Therapien finden Sie im 3. Teil dieses Buches.)

Zum Schutz ihrer Magenschleimhaut verschrieb ich

Frau S. noch *Poikigastran N-Tabletten,* die mit den Inhaltsstoffen Aluminiumoxyd und Magnesiumhydroxid eine akute oder auch chronische Magenschleimhautentzündung schnell ausheilen, eine Übersäuerung des Magens verhindern und einen Reizmagen nachhaltig beruhigen können. Außerdem bekam Frau S. *Lomatol-Tropfen* verordnet, die mit einem alkoholisch-wässrigen Auszug aus Pfefferminzblättern, Fenchel, Kümmel, Wermutkraut bei allen Arten von funktionellen oder krampfartigen Magen- Darmbeschwerden und Blähungen von mir schon seit vielen Jahren mit bestem Erfolg eingesetzt werden. Die antibakterielle und krampflösende Wirkung wird dabei durch Fenchel noch unterstützt.

Auch Kümmel übt eine beruhigende Wirkung auf die Magennerven aus und wird als das Magenmittel schlechthin bezeichnet. Neben seinen krampflösenden und blähungshemmenden Eigenschaften aktiviert Kümmel die Gallentätigkeit und fördert somit den Verdauungsprozess.

Diese verdauungsfördernde und krampflösende Wirkung wird noch durch Wermutkraut unterstützt, dessen Bitterstoffe anregend auf die Sekretion der Magendrüsen und Magenzellen wirken und als eines der besten Mittel bei funktionellen Magen- und Darmbeschwerden sowie bei Störungen der Gallentätigkeit angesehen werden.

Zusätzlich empfahl ich Frau S. regelmäßig zwei Liter des ganz speziellen, mit Sauerstoff angereicherten *Oxywell-Wassers* zu trinken. Durch seinen hohen Gehalt an Sauerstoff fördert es die Heilung von Magen- und Darmerkrankungen und erhöht die Leistungsfähigkeit. (Auf Seite 93 werde ich näher auf die Wirksamkeit und große Bedeutung dieses neuen Sauerstoffwassers eingehen.)

Schon nach wenigen Wochen waren die Beschwerden bei Frau S. abgeklungen, und eine erneute röntgenologische Magenuntersuchung ergab, dass die Magengeschwüre verschwunden waren. Einen wesentlichen Beitrag zum Erfolg lieferte allerdings auch Frau S.' Entscheidung, aus der ersten Mannschaft ihres Tennisvereins auszutreten und diesen Sport nur noch zu ihrem Vergnügen zu betreiben. Damit war es ihr gelungen, einen wirklichen sportlichen Ausgleich zu ihrem beruflichen Alltag zu erlangen.

Außerdem hatte sie meinen Rat befolgt und ihre Ernährungsgewohnheiten verändert. Einmal in der Woche legte sie jetzt einen Diät-Tag ein. Das führte dazu, dass sie sich nicht nur wesentlich wohler und leistungsfähiger fühlte, sondern auch schon bald einige Pfunde verloren hatte und ihr neues Idealgewicht auch problemlos halten konnte.

Falsche Schlafgewohnheiten

Ein Drittel unseres Lebens verbringen wir schlafend. Ohne Schlaf kann kein Mensch auf Dauer existieren. Durch den Schlaf schützt sich unser Organismus vor Überreizung. Während des Schlafes ruhen die Organe und Muskeln aus, während der Träume erholt sich unser Bewusstsein. Dauerhafter Schlafentzug führt unweigerlich zu schlimmsten Stresserscheinungen und zu den verschiedensten Krankheiten.

Während bei gesunder Lebensweise auch ein gesunder Schlaf nahezu selbstverständlich ist, klagen in der gestressten Wohlstandsgesellschaft heute immer mehr Leute über Schlaf- und Einschlafstörungen. Diese Störungen sind meist eine Folge des tagsüber erlebten Stresses, manchmal aber auch Folge unnötiger oder falscher Lebensgewohnheiten.

Bei einer natürlichen Lebensweise richtet sich nämlich der Schlaf- und Wachrhythmus nach den Tages- bzw. Nachtzeiten. Früher stand man auf, wenn die Sonne aufging, und legte sich nicht lange nach Sonnenuntergang wieder schlafen. Die Industrialisierung brachte es jedoch mit sich, dass wir uns heute an bestimmte Arbeitszeiten zu halten haben. Diese sind unabhängig vom Tages- und Nachtrhythmus und vielfach noch nicht einmal ständig gleich. Der natürliche Lebensrhythmus kommt dabei selbstverständlich durcheinander, und die totale Reizüberflutung durch Straßenverkehr, Leistungsdruck, Radio, Fernsehen und vieles andere mehr sorgt dafür, dass auch die verbliebene Freizeit keine Erholung bringt.

Auch Sie werden sicherlich schon die Erfahrung gemacht haben, dass Sie trotz Müdigkeit nicht ins Bett gegangen sind, weil Sie noch irgendetwas Besonderes im Fernsehen anschauen wollten oder weil vielleicht dies oder jenes noch vor dem nächsten Tag zu erledigen war. So wird das Schlafbedürfnis übergangen und der Körper zusätzlich gereizt. Wenn Sie dann endlich im Bett liegen, finden Sie keinen Schlaf, weil Ihnen viel zu viele Gedanken durch den Kopf gehen und Sie so »überdreht« sind, dass Sie gar nicht zur Ruhe kommen können. Andererseits wird es Ihnen aber auch vielleicht schon passiert sein, dass Sie vor dem Fernseher eingeschlafen sind. Nur ist dieser Schlaf auf der Couch oder im Fernsehsessel kein gesunder Schlaf, da er niemals ein richtig tiefer Schlaf werden kann. Irgendwann werden Sie wach und müssen Ihren Schlaf unterbrechen, um ins Bett zu gehen. Dann gleich wieder einzuschlafen ist nicht jedem möglich. Wer beim abendlichen Spätfilm auch noch Alkohol konsumiert, bringt mit größter Sicherheit seinen inneren Regelmechanismus vollkommen durcheinander.

Bei weitem das Schlimmste, was ein schlafgestörter Mensch aber tun kann, ist Schlaftabletten einzunehmen. Diese Tabletten vergiften nicht nur den Körper, sondern machen allmählich auch süchtig.

Amerikanischen Wissenschaftlern gelang es, Versuchspersonen mit gesundem Schlaf innerhalb einer Woche durch Schlafmittelgaben in die Schlaflosigkeit zu treiben. Der Vorgang ist hier so ähnlich wie bei den Kopfschmerztabletten, von denen ja auch viele nicht mehr den Kopfschmerz vertreiben, sondern neue Kopfschmerzen erzeugen. (Siehe auch mein Buch »Kopfschmerz und Migräne – Naturheilverfahren vertreiben die Qualen aus dem Kopf«, ProVital Versand.)

Die Suchtfolgen durch Schlaftabletten führen dann

schließlich dazu, dass Sie immer stärkere Dosen einnehmen müssen, um den erwünschten Schlaf zu finden. Außerdem aber bewirken Schlaftabletten auch, dass bestimmte Schlafphasen, in denen sich das Gehirn und das Bewusstsein erholen können, ganz einfach nicht mehr stattfinden. So fehlt es zum Beispiel an Träumen, die zur Regeneration der Psyche sehr wichtig sind. Die Folge ist, dass psychische Störungen auftreten. Ein Schlaf unter Schlafmitteleinwirkung bringt also keine Erholung, sondern macht den ganzen Körper für jede Art von Stresseinwirkung nur noch empfindlicher.

Was ist die Konsequenz?

Ganz einfach: Wer Stress vermeiden will, muss für einen gesunden und natürlichen Schlaf sorgen. Das gilt natürlich ganz besonders für die Menschen, die schon einen sehr aufreibenden Beruf haben und dem Stress überhaupt nicht entgehen können. Nur ausreichender gesunder und natürlicher Schlaf gibt Körper und Seele genügend Zeit und Kraft, sich von den Strapazen des einen Tages zu erholen und genügend Energie zu tanken, um den Stress des nächsten Tages ohne Schaden durchzustehen.

Was jedoch können Sie tun, wenn Sie nun überhaupt nicht zur Ruhe kommen und sich schlaflos im Bett wälzen? Natürlich sollten Sie keine chemischen Schlafmittel einnehmen. Besser ist es hier zu homöopathischen Präparaten zu greifen, z.B. zu *Bamacomp-Tropfen Nr. 202.* Das sind homöopathische Tropfen, die neben Melisse, Kamille, Hopfen, Baldrian, Passionsblume auch Koffein in einer hohen homöopathischen Verdünnung enthalten, wodurch es einen beruhigenden, auf das Gehirn ausgleichenden Effekt erreicht. Gerade bei Schlafstörungen mit ständigem Gedankenzustrom und »Nicht-abschalten-Können« haben sich diese Tropfen bestens bewährt. Nehmen Sie davon 50 bis 100 Tropfen auf lauwarmem Wasser ca. 30 Minuten vor dem Schlafengehen.

Eine pflanzliche Alternative zu chemischen Beruhigungsmitteln ist das Johanniskraut. Johanniskraut gilt in der Phytotherapie (Pflanzenheilkunde) als der »eingefangene Sonnenschein«, da es nicht nur allgemein ausgleichend auf das vegetative Nervensystem wirkt, sondern auch die Stimmung aufhellt. Besonders bei gestressten und psychisch stark belasteten Menschen hat sich Johanniskraut bestens bewährt. Wichtig ist allerdings, ein gutes Präparat mit einem hohen Anteil an Trockenextrakt aus Johanniskraut zu verwenden, z.B. *LomaHypericum-Dragees*.

Ein anderes natürliches Heilmittel bei nervösen Störungen, vegetativen Unruhezuständen, Überreiztheit und Nervosität ist der Pflanzeninhaltsstoff von Kava-Kava, auch *Piper methysticum* oder Rauschpfeffer genannt. Die Pflanze stammt aus der Inselwelt des Südpazifiks und ist insbesondere in Polynesien beheimatet. Besonders wirkungsvoll ist der Trockenextrakt aus dem Kava-Kava-Wurzelstock, z.B. *Kavacur*®. Er hat sich als ein ideales Arzneimittel zur Behandlung von nervösen Spannungs- und Unruhezuständen erwiesen, ohne abhängig zu machen. Es hat eine hervorragende entspannende Wirkung, ohne jedoch das Reaktionsvermögen zu beeinträchtigen. Aus diesem Grund können Sie *Kavacur-Dragees* nicht nur am Abend einnehmen, um eine ruhige Nacht mit erholsamem Schlaf zu genießen, sondern auch am Tage. Sie werden schnell feststellen, wie Ihre Unruhe und Nervosität nachlassen, Erregungszustände und seelischer Dis-Stress verschwinden und gleichzeitig Ihre Konzentrationsfähigkeit zunimmt.

Konsumstress

Eine neue Erscheinung unserer Wohlstandsgesellschaft ist der so genannte Konsumstress. Er ist das Ergebnis des Strebens nach immer neuen Waren, die das Leben angenehmer, schöner oder interessanter machen sollen. Ausgelöst wird dieser Stress durch geschickte Werbung und den Wunsch, Nachbarn, Freunden und Bekannten zu imponieren. Die Werbung erzeugt Unzufriedenheit mit dem bisherigen Besitz, macht neugierig auf neue Waren und bedient sich des Wunsches vieler Leute, besser und wohlhabender zu erscheinen als ihre Mitmenschen. Die Folge dieser Geltungssucht: Mehrarbeit.

Um die Mehrausgaben bezahlen zu können, muss noch mehr gearbeitet werden, d.h. der Dis-Stress nimmt zu, und die Zeit für Eu-Stress wird immer knapper. Wer Schulden hat, hat aber auch oft Angst, sie nicht zurückzahlen zu können. Und Angst ist eine der schlimmsten Arten von Dis-Stress, denn Angst untergräbt das Selbstvertrauen, schwächt die körpereigene Abwehrkraft und kann so – wie man heute weiß – letztlich sogar zu Krebs führen.

Freizeit- und Urlaubsstress

Die Freizeit soll der Erholung von der Arbeit dienen. Geist und Körper sollen sich ausruhen und regenerieren können. Längst sind wir jedoch dabei, uns in der Freizeit neuen Stress aufzuhalsen. Wenn wir uns die häufigsten Freizeitbeschäftigungen vor Augen führen, so sind die »ruhigen« Beschäftigungen wie Lesen, Spielen, Garten anlegen oder Basteln mehr und mehr in den Hintergrund getreten. Fernsehen, Kino, beim Sport zuschauen, Diskothekenbesuche, Ausflugsfahrten mit dem Auto, Wettspiele in Spielotheken oder Kneipen werden wichtiger. Tätigkeiten also, die eher stressfördernd als erholsam wirken.

Was in der täglichen Freizeit also offenbar nicht gelingt, nämlich sich zu erholen, sollte dann doch wenigstens im Urlaub möglich sein. In Wirklichkeit jedoch kommen nicht wenige Leute gestresst aus dem Urlaub zurück oder erleiden gerade dort schwere Schäden.

Was können Sie besser machen? Planen Sie zunächst einmal einen Urlaub, der Ihrem Geldbeutel entspricht. Im Urlaub sollten Sie nicht sparen und auf jede Mark gucken müssen. Die Reise muss von vornherein in einer Preisklasse liegen, die Ihnen noch ausreichend Taschengeld belässt. Weder sollte Ihr Bankkonto überstrapaziert werden, noch sollten Sie für den Urlaub extra einen Kredit aufnehmen. Wer sich keinen Urlaub leisten kann, sollte besser zu Hause bleiben. Gerade in der normalen Urlaubszeit – aber meist auch in der übrigen Jahreszeit – bieten Stadt und Land viele Veranstaltungen an, die das Leben kurzweilig machen. Ausflüge ins Grüne können während der Woche sehr erholsam sein, da nur wenige Leute unterwegs sind. Zoo-, Museums- oder Theaterbesuche machen viel Freude, und sicher gibt es auch in Ihrer Umgebung zusätzliche Attraktionen und touristische Höhepunkte, die Sie noch nie besucht haben, weil sie eben vor Ihrer Haustür liegen. Im Urlaub haben Sie Zeit, all diese Sehenswürdigkeiten einmal kennenzulernen, ohne sich dazu in die Menschenmassen eines Wochenendes stürzen zu müssen.

Wenn Sie aber in Urlaub fahren, dann denken Sie nicht nur an die richtige Preisklasse, sondern auch daran, was Ihnen erfahrungsgemäß gut tut. Manche Menschen finden es erholsam, stundenlang in der brütenden Sonne am Strand zu liegen und sich nicht zu rühren. Anderen ist es lieber, den ganzen Tag auf den Beinen zu sein und einen Dreitausender nach dem anderen zu erobern. Alles ist Geschmackssache. Doch auch hier ist es wichtig, einen vernünftigen Ausgleich zu schaffen.

Wer Spaß an langen Sonnenbädern hat, sollte trotzdem zwischendurch einmal aufstehen, einige Ballspiele am Strand machen, Schwimmen gehen, laufen oder irgendeinen Sport betreiben, damit Kreislauf und Stoffwechsel in Schwung bleiben. Der passionierte Wanderer oder Bergsteiger dagegen sollte zwischendurch unbedingt immer wieder rasten, alle viere von sich strecken und die schöne Natur genießen. Dem Körper tut Bewegung gut, aber auch die Seele braucht Erholung. Und die findet sie gerade beim Betrachten von Gottes freier Natur am allerbesten.

1.2.05 Der Dis-Stress und seine Folgen – wie kann ich mich schützen?

Schwächung der körpereigenen Abwehr

Der Mensch ist ständig einer Umwelt voller Viren, Bakterien und Giftstoffen ausgesetzt, die sich in seinem Körper ansiedeln. Zum Teil sind sie dort nützliche Gäste. Die meisten dieser Lebewesen und Stoffe haben jedoch die unschöne Eigenschaft, die Zellen unseres Körpers anzugreifen und Krankheiten zu verursachen.

Doch längst nicht jeder Befall mit Krankheitserregern führt tatsächlich zu Krankheiten. Unser Körper besitzt ein kompliziertes Abwehrsystem, das so genannte Immunsystem, das dazu da ist, die Erreger abzuwehren, abzutöten oder auf andere Weise unschädlich zu machen. So werden spezielle Abwehrzellen im Körper gebildet, die die Aufgabe haben, die unerwünschten Eindringlinge fern zu halten. Dieses Abwehrsystem funktioniert nicht isoliert im Körper, sondern ist mit dem Gehirn- und Nervensystem verbunden, sodass jede psychische Einwirkung auch eine Wirkung auf das Abwehrsystem hat. Unterliegen wir nun ständigem Dis-Stress, wird das Abwehrsystem in seiner Funktion gestört. Ein gestresster Mensch ist also auch wesentlich mehr von Infektionskrankheiten bedroht als ein nicht gestresster.

Vorbeugen können Sie hier durch regelmäßige Einnahme abwehrsteigernder Medikamente, die natürlich aus biologischen Inhaltsstoffen bestehen sollten. Besonders empfehlenswert sind Präparate mit dem Wirkstoff der *schmalblättrigen Kegelblume* (Echinacea), von der wissenschaftlich nachgewiesen wurde, dass sie das körpereigene Immunsystem aktiviert. In meiner Praxis haben sich hier ganz besonders die *Echinacea comp. Lomapharm-Tropfen* bewährt. Sie enthalten neben der homöopathischen Urtinktur von *Echinacea* auch noch *Aconitum* (blauer Eisenhut), *China* (Chinarinde) und *Bryonia* (Zaun- oder Teufelsrübe) in homöopathischer Zubereitung, wodurch die abwehrsteigernde und infektionsbekämpfende Wirkung dieser Tropfen noch deutlich unterstützt wird. Sie erhalten sie rezeptfrei in jeder Apotheke.

Auch der gefürchtete Krebs, der ja das deutliche Zeichen des Zusammenbruchs unseres Abwehrsystems ist, greift nachweisbar in einem gestressten Körper eher um sich als in einem ausgeruhten und ausgeglichenen Körper.

Zur Stärkung der körpereigenen Abwehrkraft gibt es eine ganze Reihe von sehr bewährten Naturheilverfahren, die ich nun schon über 26 Jahre in meinen Praxen erfolgreich einsetze. Besonders erwähnenswert ist die von Prof. von Ardenne entwickelte *Sauerstoff-Immun-Stimulation,* die aus einer Kombination aus *Sauerstoff-Mehrschritt-Therapie* und Injektionen mit *Thymus-Frisch-Extrakt* besteht. Im 3. Teil dieses Buches werde ich noch ausführlicher darauf eingehen. Gerade zur Vorbeugung gegen Krebserkrankungen und deren Behandlung hat sich diese Therapiekombination bestens bewährt.

Natürlich können Sie aber auch selbst etwas zur Vorbeugung gegen Krebserkrankungen tun. Sehr wirkungsvoll ist z.B. die regelmäßige Einnahme von *Thymus Mucos Tabletten,* die mit 300 mg pro Tablette wohl den höchstdosierten Anteil an Thymusextrakt enthalten. Um die Funktion Ihrer Thymusdrüse zu aktivieren und die Abwehrkräfte zu steigern, reicht es deshalb schon, wenn Sie 3 x täglich 1–2 Tabletten davon einnehmen. Zur Behandlung von Krebserkrankungen kann und sollte die Dosierung jedoch entsprechend erhöht werden. Es empfiehlt sich außerdem, zusätzlich *Wobe Mugos-Tabletten* mit ihrem hohen Anteil an natürlichen Enzymen wie Papain, Trypsin und Chymotrypsin einzunehmen, die zusätzlich die körpereigene Abwehrkraft insbesondere gegen Krebs und Viruserkrankungen aktivieren.

Störung der Konzentration und des Denkvermögens

Wir wissen inzwischen, dass Stress durch Flucht oder Kampf – also durch Bewegung – abgebaut werden kann. Solange die Stressreize anhalten, werden alle für den Moment der Gefahr nicht notwendigen Körpervorgänge gedrosselt. Selbst Denkvorgänge im Gehirn werden blockiert, damit nicht unnötige Überlegungen von Flucht- oder Kampfhandlungen ablenken können.

Bei dem Dauerstress, dem viele Menschen heute ausgesetzt sind, können diese Gehirnblockaden zu Konzentrationsstörungen und Gedankenlähmungen führen. Wer sich dauernd in einem inneren Alarmzustand befindet, kann seine Gedanken nicht zusammenhalten und auf einen bestimmten Punkt konzentrieren. So kann etwa eine Prüfungssituation dazu führen, dass alle Gedanken auf die Angst vor dem »Durchfallen« gerichtet sind, nicht aber auf den Stoff. Stressempfindliche Menschen können daher in einer solchen Situation in ihrem Denken völlig blockiert sein und plötzlich alles »vergessen«, was sie sonst immer gewusst haben. Entspannungsübungen durch autogenes Training können oft Abhilfe schaffen.

Doch sind nicht nur Entspannungsübungen oder beruhigende und ausgleichende Arzneimittel notwendig, um die Konzentration des Denkvermögens zu erhalten. Bei Menschen, die dauerhaftem Stress ausgesetzt sind, stellen sich nach gewisser Zeit auch Mangelerscheinungen, z.B. im Mineralhaushalt, ein, und der Stoffwechsel wird träge. Beides kann nach gewisser Zeit ebenfalls zu einer deutlichen Verminderung der Konzentration und des Denkvermögens führen. Doch nicht nur die geistige, sondern auch die körperliche Leistungsfähigkeit lässt bei Dauerstress nach. Abhilfe schaffen wieder biologisch-pflanzliche Medikamente, die gegen die Mangelerscheinungen vorbeugen und den Stoffwechsel unterstützen. Gerade bei Menschen, die die Lebensmitte bereits überschritten haben, sind solche Präparate von besonderer Wichtigkeit. Patienten, die über die Abnahme von körperlicher und geistiger Leistungsfähigkeit klagen, empfehle ich deshalb schon seit vielen Jahren und mit großem Erfolg *Poikigeron-Kapseln,* die in jeder Apotheke erhältlich sind. Sie enthalten neben lebenswichtigen Mineralien wie Eisen, Magnesium, Kalzium, Kupfer und Mangan auch so bewährte Wirkstoffe wie *Procain, Adenosinphosphat, Haematoporphyrin* und den Extrakt aus *Ginkgo biloba-Blättern.*

Procain ist ein durch die Forschungsergebnisse von Frau Prof. Aslan bekannt gewordenes, sehr verträgliches Mittel zur Behandlung von Alterserscheinungen und zur Steigerung der allgemeinen körperlichen und geistigen Leistungsfähigkeit. Es bessert außerdem das Allgemeinbefinden bei Arterienverkalkung und fördert den gesunden Schlaf.

Adenosinphosphat bewirkt dagegen eine Verbesserung der Herztätigkeit durch Erweiterung der Herzkranzgefäße und Besserung der energetischen Verhältnisse.

Der weitere Wirkstoff *Haematoporphyrin,* der ein künstliches Abbauprodukt aus dem Blutfarbstoff Hämoglobin darstellt, hat in der Medizin eine ganze Reihe von unterschiedlichen Anwendungsbereichen.

Ergänzend bildet der Extrakt aus *Ginkgoblättern* einen unschädlichen, aber sehr effektiven Wirkstoff zur Förderung der Durchblutung und einen verbesserten Austausch von Nährstoffen zwischen Blutbahn und Hirngewebe.

Durch die hervorragend aufeinander abgestimmte Kombination von Inhaltsstoffen in den *Poikigeron-Kapseln* kann es schon nach kurzer Zeit zu einer spürbaren Verbesserung der körperlichen und geistigen Leistungsfähigkeit und damit zu einer erhöhten Toleranz gegenüber Stress kommen.

Sehr wirkungsvoll ist auch die in meiner ProVital Naturheilklinik entwickelte *»Edelstein-Meridian-Massage«,* die in einer Körper, Geist und Seele harmonisierenden Kombination aus der von Hildegard von Bingen bekannten Edelstein-Therapie und einer sanften Meridian-Massage besteht. Näheres dazu finden Sie im Teil 3 dieses Buches.

Durchblutungsstörungen

Etwas komplizierter ist die Erklärung für Durchblutungsstörungen, die vielfach auch Folgen eines andauernden Stresses sind. Trifft ein Stressreiz ein, wird über bestimmte Gehirnbahnen das so genannte vegetative, das heißt nicht willentlich beeinflussbare Nervensystem aktiviert. Stoffwechsel, Verdauung, Atmung, Herztätigkeit und Blutdruck werden über diesen Teil unseres Nervensystems gesteuert.

Die Stressreize bewirken nun, dass ein Teil des vegetativen Nervensystems, der Sympathikus-Nerv, seine Impulse an die Nebenniere weitergibt, die dann die Stoffe Adrenalin und Noradrenalin in den Blutstrom ausschüttet. Diese Hormone können, wenn sie nicht durch Bewegung abgebaut werden, zu Schwellungen und Entzündungen an den Gefäßwänden führen und damit die Durchblutung behindern. Da sich solche Schwellungen besonders an bereits vorgeschädigten Bereichen bilden, erhöht sich durch Stress die Gefahr der Gefäßverengung und damit des Schlaganfalls oder Herzinfarkts beträchtlich.

Da intensive Bewegung kräftig dazu beiträgt, die angesammelten Hormone wieder zu »verbrennen«, ist eine vernünftige sportliche Betätigung die beste Vorbeugungsmaßnahme zur Erhaltung der Gesundheit.

Wer schon Probleme mit Ödemen, also Gewebsschwellungen oder Entzündungen – z. B. an den Blutgefäßen – hat, der sollte unterstützend auch zu biologischen Medikamenten greifen. Empfehlen kann ich auf Grund meiner langjährigen Erfahrung den Einsatz von so genannten *proteolytischen Enzymen,* wie sie z. B. als *Wobenzym-* oder *Phlogenzym-Dragees* erhältlich sind. Diese Enzyme haben nicht nur die besondere Eigenschaft, Eiweißstoffe abzubauen, sondern ihre Wirkstoffe können zusätzlich auch kranke Körperzellen auflösen und vernichten. Gesunde Körperzellen sind davon jedoch nicht betroffen. So können dann die proteolytischen Enzyme in den Dragees nach einer gewissen Zeit kleine Thromben auflösen und dadurch die Durchblutung wesentlich verbessern. Da diese Enzyme außerdem auch blutverdünnend wirken, sorgen sie für bessere Fließeigenschaften des Blutes und damit für eine bessere Ernährung des Gewebes und einen schnelleren Abtransport von Schlackstoffen. Schwellungen und Entzündungen im Gewebe und auch in den Blutgefäßen selbst werden auf diese Weise gezielt behandelt und meistens sehr schnell auskuriert.

Wenn Sie mehr über die Behandlung von Durchblutungsstörungen erfahren wollen, empfehle ich Ihnen mein Buch *»Naturheilmittel gegen Durchblutungsstörungen«.*

Schädigung am Herzen

Herz- und Kreislauferkrankungen gehören neben dem Krebs zu den häufigsten Todesursachen in allen Industrienationen. Fast 77 000 Menschen starben allein in der Bundesrepublik Deutschland 1999 am Herzinfarkt. Langjährige Beobachtungen haben ergeben, dass stressbedingte Fehlsteuerungen, vor allem eine stressbedingte »chronische Kampfhaltung« gegenüber der Umwelt, direkt zur Krankheitsentstehung führen.

Neben den im Abschnitt über Durchblutungsstörungen erwähnten Gefäßverengungen durch hormonbedingte Gewebeschwellungen oder -entzündungen sind vor allem auch Verengungen durch Ablagerungen in den Blutgefäßen eine häufige Ursache für Herzinfarkte. Diese entstehen durch Bluthochdruck, Nikotin sowie falsche Ernährung und dadurch erhöhten Bluteiweiß- und Blutfettspiegel. Solche Ablagerungen von Cholesterin und Kalk verhärten sich und sind nicht mehr rückgängig zu machen. Dadurch wird der Herzmuskel nicht mehr genügend mit Sauerstoff versorgt, die Muskelzellen sterben ab und das Gewebe vernarbt.

Als besonders infarktgefährdet gelten Raucher, Fettesser und die so genannten Kämpfertypen, die ständig in Hetze sind, mehr schaffen wollen als andere und keine richtige Erholung kennen, also vor allem alle stressgefährdeten Menschen.

Aus diesem Grund muss ich hier noch einmal darauf hinweisen, dass die beste Vorbeugung gegen ungesunde Stressfolgen eine gesunde Ernährung und gesunde Lebensweise sind, zu denen neben dem Verzicht auf so beliebte Volksdrogen wie Alkohol und Nikotin auch rege Bewegung gehört.

Zusätzlich können Sie Ihr Herz aber auch durch pflanzliche Arzneimittel schützen und belastungsfähiger machen. Zur Förderung der Herzdurchblutung und bei nervösen Herzbeschwerden durch vegetative Störungen – z. B. auch im Klimakterium – empfehle ich meinen Patienten und Patientinnen deshalb gerne die *DCD-Herzsalbe „Lohmann“,* die neben den herzschützenden und durchblutungsfördernden homöopathisch aufbereiteten Schlangengiften von Bufo, Naja tripudians, Lachesis und Vipera ammodites auch Extrakt aus Rinderhoden und Rinderplazenta enthält. Diese Salbe, die bei Bedarf 2–3-mal täglich sowohl in die linke Armbeuge als auch in die Herzgegend eingerieben wird, ist völlig frei von unangenehmen Nebenwirkungen. Ihre Wirkstoffe, die sehr schnell durch die Haut in den Blutkreislauf eindringen und somit zum Herzen gelangen, sorgen dafür, dass die Herzdurchblutung verbessert, die Sauerstoffzufuhr erhöht und damit die Leistungsfähigkeit des Herzens deutlich gesteigert wird.

Bei Patienten, bei denen bereits eine nachlassende Leistungsfähigkeit des Herzens klinisch diagnostiziert wurde und die schon mit einer beginnenden Einschränkung der körperlichen Belastbarkeit zu kämpfen haben und Herzstiche, unregelmäßige Herztätigkeit sowie Druck- und Beklemmungsgefühle in der Herzgegend verspüren, verordne ich allerdings zusätzlich noch *Poikilocard mono-Dragees,* die einen hochkonzentrierten Trockenextrakt aus Weißdornblättern mit Blüten enthalten. Klinisch konnte schon vor einiger Zeit festgestellt werden, dass Weißdornblätter und -blüten sowie deren

Zubereitung als Trockenextrakt nicht nur zu einer Steigerung der Schlagstärke und Kontraktionsfähigkeit des Herzens führen, sondern auch die Schlagfrequenz erhöhen, die Erregbarkeit des Herzens mindern und die Herzdurchblutung steigern. Dadurch kommt es zu einer deutlichen Entlastung des Herzens und zu einer besseren Versorgungslage des gesamten Herzmuskels. Gerade bei gemeinsamer Anwendung mit der *DCD-Herzsalbe* erhöht sich sehr schnell die Belastbarkeit des Herzens, was sehr bald zu einer Leistungssteigerung und einem Nachlassen des Druckes auf der Brust führt. Wer zusätzlich noch ein vernünftiges Maß an Sport betreibt, wird sich schon bald wieder gesund und munter fühlen.

Störungen der Verdauungsorgane

Als stressbedingte Erkrankungen der Verdauungsorgane gelten vor allem Magengeschwüre, Geschwüre an Zwölffingerdarm und Dickdarm sowie chronische Entzündungen in diesen Bereichen. Auch harmlose zeitweilige Verdauungsstörungen sind oft Folgen von Stress, der sich auf den Magen geschlagen hat. Vor allem Schreckreaktionen und Angstzustände lösen eine erhöhte Magensäureproduktion aus und lassen die Muskeln verkrampfen. Durch diese Verkrampfung der Muskulatur (Spasmen) wird die Durchblutung der Magenschleimhaut gestört, das schlecht durchblutete Gewebe bekommt zu wenig Sauerstoff, und die Abfallprodukte des Stoffwechsels können nicht genügend abgebaut werden. Das Gewebe wird geschädigt und stirbt ganz ab. Damit ist auch das durch die Magenschleimhaut nicht mehr hinreichend geschützte Muskelgewebe einer erhöhten Säureeinwirkung ausgesetzt. Der Magen verdaut sich gleichsam selbst. So kann es zu Magenschleimhautentzündungen (Gastritis), Magengeschwüren und schlimmstenfalls Magenblutungen und Magendurchbrüchen kommen. Genussgifte wie Alkohol, Kaffee und Tee begünstigen diese Prozesse ebenso wie falsche Essgewohnheiten. Helfen können Ihnen dagegen die schon bei der Krankheitsgeschichte von Christine S. (siehe Seite 45) empfohlenen pflanzlichen Magen-Darmpräparate wie *Lomatol-Tropfen* oder *Poikigastran N-Tabletten.* Noch besser ist es natürlich, wenn Sie den Konsum von Genussgiften reduzieren und lernen, Ihren Stress abzubauen.

Muskelverspannungen

Was über die Herzmuskulatur gesagt wurde, trifft auch für alle anderen Muskeln zu. Wer in einer Stresssituation bewusst oder unbewusst die Muskeln anspannt und sich so kampf- oder fluchtbereit macht, hat einen erhöhten Sauerstoffbedarf. Die Blutversorgung der Muskeln muss also höher sein als im entspannten Zustand. Durch die angespannten Muskeln werden die Gefäße aber eingeengt, und die Durchblutung wird beeinträchtigt. Ebenso werden die Abfallprodukte des Stoffwechsels nicht abtransportiert. Beides zusammen ruft Schmerzen in den Muskeln hervor, etwa Muskelkater oder Spannungsschmerzen am Kopf und im Nacken. Selbst dauernde Schmerzen im Bereich der Rückenmuskulatur und Wirbelsäule haben ihren Ursprung oft darin, dass das Gewebe durch stressbedingte Dauerspannung so geschädigt ist, dass Muskelzellen absterben und Entzündungsherde entstehen.

2. Teil:

Vorbeugen ist besser als heilen

2.1 Selbsterkenntnis ist der erste Weg zur Besserung

Analysiere deinen Stress

Um das Stressproblem in den Griff zu bekommen, muss jeder Stressgeplagte zuerst einmal umlernen. Bei einem Großteil der Situationen, die wir als »stressig« empfinden, geht der Stress nämlich nicht von der Situation aus, sondern von den Erwartungen, die wir von dem Verhalten anderer haben. Wenn wir uns zum Beispiel über unpünktliche Mitmenschen ärgern, so liegt der Grund dafür auch in unserer durch Erziehung erworbenen Einstellung, dass man niemand warten lassen dürfe. Falls wir doch einmal warten müssen, ärgern wir uns und rufen dadurch in unserem Körper Stressreaktionen hervor, obwohl wir vielleicht durchaus genug Zeit haben und das Warten gar keine Nachteile mit sich bringt.

In solchen Fällen ist es einfach, Stress zu vermeiden. Machen Sie sich nur einmal klar, dass zwei Menschen eine gleiche Situation eben mit unterschiedlichen Einstellungen erleben können. Der eine kann unter Dis-Stress leiden, wenn er warten muss, für den anderen kann das Warten eine willkommene Gelegenheit sein, schönen Gedanken nachzuhängen oder den Blick in die Umgebung schweifen zu lassen. Er kann vielleicht gar nicht verstehen, dass man sich über eine Verspätung aufregt.

Es kommt also vor allem darauf an, dass wir endlich erkennen, was uns Stress und Ärger bereitet, da diese Stressoren ja nicht für alle Menschen gleich sind. Danach können wir uns überlegen, wie wir solche Stressauslöser vermeiden oder zumindest verringern können. Oder, wenn auch das nicht klappt, wie wir es schaffen können, trotz Stress gesund zu bleiben. Eine einfache und wirkungsvolle Weise, den stressauslösenden Momenten auf die Spur zu kommen, ist zuerst einmal eine *Stressinventur:*

Schreiben Sie über einen Zeitraum von vier Wochen täglich auf, was Sie alles als belastend, unbefriedigend oder ärgerlich empfunden haben und was Sie geängstigt hat. Am besten benutzen Sie hierfür kleine Zettel, die Sie dann an einem ruhigen Abend mal sortieren sollten. Dabei könnten Sie etwa Gruppen bilden wie »Belastungen am Arbeitsplatz«, »Ärger im Straßenverkehr«, »private Ängste« (z.B. vor Krankheit, Alter, Tod). Danach widmen Sie sich als Erstes dem größten Zettelstapel und überprüfen ihn daraufhin, welche Stresssituationen mehrfach auftreten.

Falls Sie nun zum Beispiel entdecken sollten, dass Sie sich immer wieder ärgern, wenn im Büro jemand die Akten anders stapelt, als Sie es gewohnt sind, so überlegen Sie einmal, ob es Ihnen wirklich zusteht, die einzig richtige Meinung oder Verfahrensweise zu haben, wie man Akten ordnet, oder ob auch eine andere Ordnungsweise zum Ziel führen kann. Danach können Sie mit dem betreffenden Mitarbeiter sachlich die Vor- und Nachteile diskutieren und eine Regelung finden. Wenn Sie jedoch den Anspruch haben, allein den richtigen Weg zu wissen und der Einzige zu sein, der keine Fehler macht, dann fühlen Sie sich sicherlich ständig von unvollkommenen Mitmenschen umgeben und ärgern sich darüber, mit welchen »Dummköpfen« Sie sich abgeben müssen. Bedenken Sie dabei aber, dass Sie Ihre Mitmenschen nicht ändern können, sondern sie so nehmen müssen, wie sie sind. Der Stress, den Sie sich damit machen, bringt Sie deshalb nur um Ihre Lebensfreude und die Freude an der Arbeit.

Bei solchen Dis-Stress-Situationen können Sie im wesentlichen selbst entscheiden, wie viel Ärger Sie in Zukunft vermeiden wollen. Statt zuzulassen, dass Ihre Mitmenschen bei Ihnen durch ihr Verhalten Stresshormone freisetzen, sollten Sie selbst Ihre Meinung zu deren Verhalten überprüfen und möglichst Ihre eigene Erwartungshaltung revidieren. Denn wenn Sie akzeptieren, dass das Verhalten Ihrer Mitmenschen nun eben mal so ist, wie es ist und sich auch nicht ändern wird, brauchen Sie sich nicht mehr darüber zu ärgern und haben so weniger Stress.

Gehen Sie Ihre Stresskartei also auf diese Weise durch. Ihr Stresspegel wird sich dann schon in wenigen Wochen bedeutend abgesenkt haben.

Löse deine Konflikte oder nimm sie nicht so wichtig

Falls Sie beim Durchgehen Ihrer Stresskartei auf Sachverhalte stoßen, die Sie immer wieder in Konflikte bringen, so gibt es zwei Möglichkeiten für Sie, die schädlichen Folgen abzuwenden. Entweder Sie gehen eine solche konfliktträchtige Situation gezielt an, indem Sie sich schon vorher Gedanken darüber machen, wie Sie sich verhalten wollen, oder Sie erteilen sich selbst den Befehl, den Konflikt nicht mehr so wichtig zu nehmen.

Konflikte mit Kollegen lassen sich oft leichter bereinigen, als man denkt, wenn man nur den Mut hat, sich auszusprechen. Wenn man sich auf ein solches Gespräch schon gedanklich und emotional vorbereitet hat, dürfte dabei nichts mehr schief gehen.

Wenn Sie gut vorbereitet sind, trifft Sie der Konflikt nicht mehr überraschend, und Sie ersparen sich so, verärgert oder übersteigert zu reagieren.

Machen Sie sich also klar, was Sie eigentlich in Zwiespalt bringt, überlegen Sie, welche Lösungswege es gibt, und setzen Sie diese so bald wie möglich in die Tat um. Falls Ihnen keine Lösung möglich erscheint, sollten Sie versuchen, den Konflikt so gering wie möglich einzuschätzen, ihn also nicht wichtig zu nehmen. Lernen Sie zu akzeptieren, dass jeder Mensch anders ist, dass jeder anders an eine Sache herangeht – und schon bald wird sich das Konfliktpotenzial beträchtlich verringern.

Bleibe du selbst

Zu den hier dargestellten Möglichkeiten für den Umgang mit Konflikten gibt es keine Alternative. Vielfach versuchen konfliktscheue oder wenig selbstbewusste Menschen Problemen aus dem Wege zu gehen, voreilig nachzugeben und sich anzupassen. Wer aber auf diese Weise sich und seine Bedürfnisse ständig verleugnet, wird stets unzufrieden mit sich selbst sein und so erneut Stress auf sich laden.

Versuchen Sie stattdessen herauszufinden, was Ihre Bedürfnisse sind, wie Sie leben möchten, was Ihnen gut tut und wie Sie dies am besten mit ihren familiären, beruflichen und gesellschaftlichen Verpflichtungen vereinbaren können. Nehmen Sie sich Zeit zu dieser Selbsterforschung und vor allem: Nehmen Sie sich selbst wichtig. Viele Menschen leiden darunter, sich selbst stets als unwichtig einzuschätzen, ständig zurückzustecken und zu verzichten. Doch nur wer weiß, was ihm gut tut, erreicht die innere Ausgeglichenheit, die ihn unabhängig macht – auch von äußeren Krücken wie immer größeren Autos, teurem Schmuck, exotischen Urlaubszielen usw. Geben Sie zu, dass es Ihnen keinen Spaß macht, Tennis zu spielen, auch wenn die ganze Welt dem weißen Ball nachjagt. Geben Sie zu, dass Sie am liebsten mal Ihren Urlaub auf Balkonien oder in einem nahe gelegenen stillen Mittelgebirgsort verbringen möchten, statt in der strahlenden Sonne von Ichweißnichtwo zwischen kreischenden Nackedeis einen Hitzschlag zu erleiden. Niemand kann Ihnen vorschreiben, was Sie in Ihrer Freizeit zu tun haben, und in Wirklichkeit tut es auch niemand. Wir lassen uns nur allzu leicht freiwillig von irgendwelchen Trends dazu verführen, das zu tun, was wir eigentlich gar nicht tun möchten.

Menschen, die die Erfüllung ihrer eigenen Bedürfnisse immer wieder zurückstellen, weil sie glauben, für andere da sein zu müssen oder unentbehrlich zu sein, laufen immer Gefahr, sich selbst zu überfordern. Besonders trifft dies für diejenigen von uns zu, die anderen jeden Wunsch von den

Augen ablesen und alles liegen und stehen lassen, wenn jemand sie ruft. Die Folgen bestehen dann oft nicht nur in einer körperlichen, sondern auch in einer seelischen Überforderung. Gerade die beliebtesten Kollegen und besten Kumpel sind es oft, die irgendwann plötzlich und unerwartet zusammenbrechen. Immer hatten sie ihre Bereitschaft erklärt, helfend einzuspringen, wenn Not am Mann war. Immer waren sie bereit, sich noch eine Aufgabe mehr aufzuhalsen. Aber gerade mit den Gefälligkeitsdiensten überschätzt man sich selbst nur allzu leicht.

Oft paart sich das Unvermögen, anderen einen Wunsch abzuschlagen, mit der eigenen Unfähigkeit, selbst jemand anders um eine Gefälligkeit zu bitten, sodass zuweilen sehr einseitige Ausnutzungsverhältnisse entstehen. Auch wer dann immer noch beteuert, dass ihm dies nichts ausmache, wird darunter leiden und irgendwann merken, dass er ja gar nicht mehr zu sich selbst kommt. Niemand sollte ein schlechtes Gewissen haben, wenn auch er mal an sich selbst denkt, denn der Trieb nach Selbsterhaltung ist in der Natur und beim Menschen ebenso wichtig wie der Trieb nach Arterhaltung.

Selbsterhaltung heißt, dass wir uns nicht wissentlich in Gefahr begeben, dass wir mit unseren Kräften haushalten, sie fördern und fordern, aber sie nicht überfordern. Und Selbsterhaltung heißt auch, dass wir uns um unsere eigene seelische Ausgeglichenheit kümmern sollten. Denn wenn *wir* uns nicht darum kümmern, kümmert sich niemand darum.

Beherrschung ist oft fehl am Platz

Wir alle sind wohl dazu erzogen worden, uns zu beherrschen. Gefühle aller Art, übermäßige Freude, übermäßige Trauer oder überglückliche Liebe sollten nicht nach außen hin gezeigt werden. Allenfalls Kindern ist es nach unseren gesellschaftlichen Regeln noch erlaubt, lautstark Freude zu äußern, zu lachen oder zu weinen.

Dabei sind Lachen und Weinen ebenso wie Fluchen und Schreien äußerst gesunde körperliche Reaktionen, die uns davor bewahren, dass sich in uns Spannungen anstauen und festsetzen, die unserer Gesundheit schaden. Eine ganze Reihe von Erkrankungen, darunter auch Herzerkrankungen und Magengeschwüre, entstehen oft dadurch, dass wir Ärger in uns »hineinfressen«, statt ihn »herauszulassen«, weil wir verlernt haben, Gefühle auszuleben und zu zeigen.

Während es bis vor ein paar Jahrhunderten durchaus üblich war, auf der Straße laut zu lachen oder zu weinen, glauben viele Menschen heute sogar in Augenblicken höchster Trauer, wie z.B. bei einer Beerdigung, sich am Riemen reißen zu müssen, um nicht in Tränen auszubrechen.

Auch Fluchen und andere unschädliche Äußerungen von Aggressionen gelten als verpönt. Wenn jemand aber hin und wieder flucht, weil ihm etwas missraten ist, so bringt er damit doch unbewusst nur zum Ausdruck, dass er seinen Stress abreagieren will. Auch wenn jemand seinen Ärger über andere lautstark äußert, sollten diese nicht tödlich beleidigt sein, sondern diesen »Ausbruch« als einen Versuch des Selbstschutzes verstehen.

Wenn man schon kleineren Kindern abgewöhnen will zu weinen – vor allem wenn es sich um Jungen handelt –, legt man den Grundstein für eine Gefährdung ihrer Gesundheit. Später werden diese Kinder mit großer Härte gegen ihre Gefühlsregungen ankämpfen und durch diesen Gefühlsstress allmählich ihre Gesundheit ruinieren. Wenn wir alle lernen könnten, echte Gefühlsausbrüche als menschlich und befreiend zu verstehen, anstatt demjenigen, der schreit, weint oder lacht, missbilligende Blicke zuzuwerfen, würden wir alle einen Beitrag zum Abbau von Stress und Krankheiten in unserer Gesellschaft leisten.

Unangenehmes sofort erledigen

»Was du heute kannst besorgen, das verschiebe nicht auf morgen.« Dieses Sprichwort kann uns falsch beraten, wenn wir es so deuten, dass wir uns immer noch mehr Arbeit aufladen sollen, als wir bewältigen können. Es kann uns aber nützen, wenn wir es so verstehen, dass wir unangenehme Dinge, die sowieso unvermeidlich sind, so bald wie möglich hinter uns bringen sollten, anstatt uns am Feierabend damit zu belasten und uns vielleicht dadurch sogar um einen gesunden Schlaf zu bringen.

»Aufgeschoben ist nicht aufgehoben.« Unangenehme Dinge, wie noch zu verrichtende Arbeiten und dergleichen, erledigen sich nur in den seltensten Fällen von selbst. Wenn Sie sich selbst aufmerksam betrachten, werden Sie schon bald merken, dass es kaum einmal gelingt, das Unangenehme wirklich zu verdrängen, sondern dass es fortwährend präsent ist und Unlustgefühle bereitet. Allein das Denken an das, was man aufgeschoben hat, kann Dis-Stress-Gefühle en masse hervorrufen.

Sie sollten sich also vornehmen, alles Unangenehme nicht auf die lange Bank zu schieben, sondern sofort zu erledigen. Notieren Sie, was alles an den folgenden Tagen ansteht, und machen Sie sich daran, zuerst das zu erledigen, was Ihnen am wenigsten Freude bereitet; dann haben Sie an den folgenden Tagen immer noch etwas, dessen Sie sich erfreuen können, und laufen nicht mit nagender Angst vor den bevorstehenden Aufgaben herum.

Wenn Sie das Unangenehme dann hinter sich gebracht haben (und meistens auch gemerkt haben, dass es gar nicht so schlimm war), dann haken Sie es auf Ihrer Liste genüsslich ab.

2.2.0 Du und deine Mitmenschen

2.2.01 Familienleben ohne Stress

Wer sind deine Partner?

Wie wir alle wohl wissen, ist die Familie nicht immer nur ein »Hort des Glücks«, sondern auch oft ein Quell von Spannungen und Ärger, entstanden durch enttäuschte Erwartungen und Unzufriedenheit mit dem Partner oder den Kindern.

Bei dem engen Zusammenleben und dem Aufeinanderangewiesensein in der Familie führen diese Spannungen nahezu immer zu schweren Stresssituationen.

Besonders häufig tritt familiärer Stress aus Sorge auf, z. B. wenn ein Familienmitglied ernstlich erkrankt oder jemand arbeitslos wird. Solchen Problemsituationen sind wir meist unerwartet ausgeliefert, da wir die Gefahren gerne vorher verdrängen und seelisch nicht darauf vorbereitet sind, wenn sie uns treffen. Besser wäre es, sich öfter mit sozialer Not, Krankheit, und Tod auseinander zu setzen, anstatt so zu tun, als könnten solche Schicksalsschläge einen selbst nie treffen.

Häufig besteht jedoch der alltägliche Familienstress aus Ärger über bestimmte Angewohnheiten der Partner, über bestimmte Verhaltensweisen der Kinder usw. Um diesen Stress zu vermeiden, müssen wir analysieren, mit welchen Personen wir es zu tun haben und welche Erwartungen wir an sie richten. Eine so genannte Familienanalyse ist zu leisten.

Die meisten Menschen leben bei uns in einer Zweigenerationen-Familie, bestehend aus Eltern und Kindern. Jede Person in diesem Familienverband ist eine unverwechselbare Einheit und sollte auch als solche von den anderen akzeptiert werden. Gleichzeitig spielen wir in diesem Verband eine bestimmte Rolle, die wir zum Teil selbst ausgestalten, auf die wir jedoch auch von den Erwartungen der übrigen Familienmitglieder her festgelegt werden. So ist in manchen Familien genau bestimmt, welche Arbeiten jeder zu verrichten hat, wer über wie viel Geld verfügt, wer sich bei Entscheidungen durchsetzt, wer straft und wer lobt, wer zuerst das Essen aufgetischt bekommt, wer die Kinder zu Bett bringt und wer mit ihnen spielt, wer Geschirr spült, wer es abtrocknet usw.

In diesen Regeln verbirgt sich aber oft die Quelle von Stress, der immer dann auftritt, wenn jemand einen Schritt zu mehr Selbstverwirklichung tun möchte und seine Rolle nicht genau erfüllt. Von der Mutter erwarten Mann und Kinder mütterliche Zuwendung, Fürsorge, Wärme, Zärtlichkeit und Gehör für Sorgen und Nöte. Dabei vergisst der vielbeschäftigte Vater nicht selten, dass die Mutter der Kinder für ihn nicht in erster Linie die Rolle der Mutter, sondern die einer gleichberechtigten Partnerin spielen sollte. Darum erwartet sie zum Beispiel, dass nicht nur ihre fürsorglichen Fähigkeiten von ihm angenommen werden, sondern dass auf sie auch als Persönlichkeit eingegangen wird. Umgekehrt soll auch der Vater nicht nur als Ernährer gesehen werden, sondern auch als Mensch mit eigenen Wünschen und Bedürfnissen.

Beide Elternteile haben einen Anspruch auf Selbstverwirklichung, und das nicht nur in ihrem Verhältnis zueinander, sondern auch im Verhältnis zu den Kindern. Solange die Kinder klein sind, werden zwangsläufig die eigenen Bedürfnisse in den Hintergrund gedrängt. Aber eines Tages, wenn die Kinder so viel Zuwendung gar nicht mehr benötigen, ja sie sogar vielleicht als lästig empfinden, merken die Eltern, und besonders häufig die Mütter, dass sie ganz verlernt haben, was ihre eigenen Bedürfnisse sind, und sie geraten oft in eine ernste Dauerstress-Situation.

Verdrängt wird häufig auch, dass man in einer Partnerschaft lebt. Wenn die Kinder »aus dem Gröbsten heraus sind«, merken die Partner oft, dass sie sich immer weniger zu sagen haben, und reagieren immer gereizter aufeinander. Dann ist es höchste Zeit, sich klar zu machen, welches Bild man von seinem Partner hat, wie es sich im Laufe der Jahre verändert hat und was man überhaupt noch von den Bedürfnissen, Sorgen und Vorlieben des Partners weiß.

Warum sind die Partner so, wie sie sind?

Wer beginnt, sich näher mit seinen Angehörigen zu befassen, wird leicht feststellen, dass er viele ihrer Fähigkeiten und Schwächen vorher kaum wahrgenommen hat. So kann es sein, dass ein Mann sich plötzlich eingestehen muss, dass seine Frau ein viel größeres Organisationstalent, mehr Geduld usw. besitzt als er. Solche Erkenntnis mag im ersten Moment schmerzhaft für ihn sein, da er sich selbst für den »Macher« in der Familie gehalten hat. Nach alldem, was wir eben über die Selbsterkenntnis erfahren haben, müsste es jedoch möglich sein, dem anderen die Stärke zu gönnen, ohne dass man sich selbst minderwertig vorkommt. Im Gegenteil, man sollte sich in der Partnerschaft freuen, wenn der andere Fortschritte macht, mehr an Selbstständigkeit gewinnt, anstatt eifersüchtig eigene Machtpositionen zu verteidigen. Diese Einstellung muss man auch haben, wenn Kinder heranwachsen und mit Fähigkeiten aufwarten, die man ihnen nicht zugetraut hätte, oder wenn sie einen schließlich selbst in manchen Dingen an Wissen übertreffen. Auch darüber sollte man sich freuen, statt unter Berufung auf »Erfahrung« und den Vorrang des Alters alte Machtpositionen verteidigen zu wollen. Ebenso wie mit den Stärken und dem Selbstständigkeitsbestreben der anderen Familienmitglieder muss man auch lernen, mit ihren Schwächen umzugehen, statt sich jedes Mal von neuem darüber zu ärgern. Es ist schon manchmal erstaunlich, wie sich Eheleute über Jahrzehnte hinweg dauernd über das gleiche Verhalten des Partners ärgern können und genau auf die gleiche Weise reagieren, sodass es immer wieder zu den gleichen Ehestreitigkeiten kommt.

Wer die Schwächen seiner Angehörigen kennt, sollte lernen, sich darauf einzustellen und sein eigenes Verhalten darauf abzustimmen, anstatt jahre- und jahrzehntelang zu versuchen, den Partner oder die Partnerin umzuerziehen und sich jedes Mal zu ärgern, wenn diese Umerziehung erfolglos bleibt. Nur wer den anderen mit seinen Stärken und Schwächen akzeptiert, kann stressfrei damit umgehen.

Die Reduzierung der Stressfaktoren in der Familie ist umso wichtiger, als die Familie einen Gegenpol zu den Stressbereichen Arbeitsplatz und Schule bildet und Raum zur Entspannung und Entlastung gewähren sollte, zumal wir – im Gegensatz zu den eben genannten Bereichen – unseren familiären Rahmen nach unseren Wünschen und Bedürfnissen gestalten können.

Wie kommt man mit den Familienmitgliedern besser zurecht?

Auch innerhalb der Familie sollte nach dem Prinzip verfahren werden: Löse die Konflikte (gemeinsam) oder nimm sie nicht so ernst. Konfliktlösung setzt stets ein offenes Gespräch voraus, und dies müsste in der Familie einfacher möglich sein als etwa im Kreis von Kollegen. Wer zu Hause lernt, offen zu sein, Kritik zu formulieren und auch zu ertragen, kann das dann auch in anderen Bereichen besser bewerkstelligen.

Bei Konflikten innerhalb eines so festen Beziehungsgefüges, wie es die Familie darstellt, müssen alle Familienmitglieder einbezogen werden. Dies setzt eine gründliche Bestandsaufnahme voraus. Ähnlich wie bei der oben angeführten Stressinventur könnte jedes Mitglied der Familie einmal festhalten, was es innerhalb der Familie und an den anderen Familienmitgliedern besonders ärgert, womit es unzufrieden ist und was es im Familienleben stört.

Beim »Familienrat«, einer regelmäßigen Gesprächsrunde, für die sich alle Familienmitglieder ausgiebig Zeit reservieren sollten, kann man dann die Vorstellungen austauschen und nach Lösungsmöglichkeiten suchen, die allen gerecht werden. Reine Mehrheitsentscheidungen durch Abstimmung sind meist wenig hilfreich, da in solchen Fällen die unterlegenen Minderheiten völlig auf die Durchsetzung ihrer

Wünsche verzichten müssen. Stattdessen sollte sich jeder um Kompromisse bemühen oder, wo dies nicht möglich scheint, auch mal akzeptieren, dass einzelne Familienmitglieder ihre eigenen Wege gehen.

So können Sie etwa in der Frage des Urlaubsortes – wenn ein Familienmitglied etwa an die Nordsee, ein anderes in die Berge, ein drittes in die Großstadt möchte – so verfahren, dass von Urlaub zu Urlaub abgewechselt wird. Dies hat allerdings den Nachteil, dass der eine oder andere zu etwas gezwungen wird, das er eigentlich nicht möchte. Hier könnte ein getrennter Urlaub der bessere Weg sein. Überhaupt sollte der Wunsch nach gemeinsamem Handeln innerhalb der Familie zwar gefördert werden, aber nie dazu führen, dass einige Mitglieder des Familienverbandes unzufrieden werden und sich eingeengt fühlen, wie es etwa der Fall sein kann, wenn die Eltern ihre 13-jährigen Kinder zwingen wollen, mit ihnen einen Sonntagsausflug zu unternehmen.

Sind Abmachungen getroffen worden, so empfiehlt es sich bei der nächsten Sitzung des Familienrats zu überprüfen, ob diese auch eingehalten worden sind. Ist dies nicht der Fall, sollte überlegt werden, ob sie wirklich so beschaffen waren, dass sie jeder ohne Aufgabe seiner selbst auch hätte erfüllen können oder ob die Abmachungen besser verändert werden sollten.

2.2.02 Berufsleben ohne Stress

Wer sind deine Mitarbeiter?

Ähnlich wie bei der Familienanalyse können wir auch versuchen, ein genaueres Bild von unseren Mitarbeitern zu bekommen, damit der tägliche Umgang mit ihnen stressfreier ablaufen kann. Stellen Sie also zunächst einmal fest, welches Verhältnis Sie zu Ihren Kollegen und Vorgesetzten haben. Dazu können Sie sich Fragen stellen wie: »Freue ich mich, wenn ich ihm/ihr begegne?« oder »Ist es mir gleichgültig, ob ich ihn/sie treffe?«, »Bin ich sogar vielleicht froh, wenn ich ihn/sie nicht zu Gesicht bekomme?«, »Würde ich gerne mehr oder weniger mit ihm/ihr zu tun haben?«, »Würde ich mich mit ihm/ihr auch mal gerne in meiner Freizeit treffen?«

Mit Hilfe solcher und ähnlicher Fragen können Sie auch das Verhältnis zu Kunden, Geschäftspartnern usw. klären. Auf diese Weise können Sie, wenn Sie ehrlich zu sich selbst waren, auch feststellen, welche Personen aus Ihrem beruflichen Umfeld eventuell als Stresserzeuger auf Sie einwirken. Alle diejenigen, denen Sie freundlich oder gleichgültig gegenüberstehen, können Sie zunächst einmal außer Betracht lassen.

Tritt der Fall ein, dass es nur wenige unangenehme Personen für Sie gibt, sollten Sie vielleicht noch einmal die Liste der »Gleichgültigen« überprüfen. Denn vielleicht sind Sie in Ihrem Inneren ja so konfliktscheu, dass Sie nicht einmal auf Ihrer ganz persönlichen Liste Ihre ablehnenden Gefühle anderen Personen gegenüber kundtun können. Mit der nun ausgesuchten, möglicherweise Dis-Stress erzeugenden Personengruppe sollten Sie sich jetzt gedanklich näher beschäftigen.

Warum sind sie so, wie sie sind?

Wie in der Familie spielt auch am Arbeitsplatz jeder eine bestimmte Rolle. Er verhält sich dort anders als im privaten Bereich. So ist es hilfreich zu sehen, ob die Dinge, die einen am anderen stören, rollenbedingte Verhaltensweisen sind oder den Kern seiner Persönlichkeit berühren.

So kann ein kompromissloser Verhandlungspartner, dessen hartes Auftreten uns im Beruf vielleicht einschüchtert, privat durchaus ein umgänglicher und sogar sensibler Mensch sein. Ängstigt uns der Chef nur, weil er eine Machtposition innehat oder weil er auch eine rechthaberische Persönlichkeit ist, die auch im Privatbereich keinen Widerspruch duldet? Durch Klärung dieser Fragen können wir herausfinden, ob uns nur die Rolle, die jemand spielt, ärgert oder ob uns die Person an sich ängstigt. Im Geschäftsleben, wo Härte und Durchsetzungsvermögen sehr gefragt sind, ist solch eine Trennung von Privatmensch und Berufsmensch nicht zu umgehen.

Als Nächstes sollten Sie wiederum auflisten, was Ihnen an den betreffenden Mitarbeitern und Mitarbeiterinnen nicht gefällt, und das offene Gespräch suchen.

Ebenso wichtig ist es, herauszufinden, warum Sie bestimmte Verhaltensweisen des anderen stören und welche Rolle dabei Ihre eigenen Ängste und Schwächen spielen. Schließlich sollten Sie sich klarmachen, dass auch Sie Eigenschaften haben, die Ihren Mitarbeitern auf die Nerven gehen. Nur wer akzeptiert, dass niemand, einschließlich er selbst, perfekt ist, kann auch gegenüber den Schwächen anderer die nötige Toleranz aufbringen und Stress vermeiden.

Wie kommt man mit ihnen besser zurecht?

Toleranz gegenüber den Kollegen und Kolleginnen ist nötig, weil man ja zu gemeinsamem Arbeiten gezwungen wird. Wo persönliche Schwierigkeiten auch durch Gespräche nicht aus dem Wege zu räumen sind, sollten Sie sich sagen, dass Sie mit Ihren Kollegen ja nicht verheiratet sind, sondern nur eine Aufgabe mit Ihnen zu erfüllen haben. Das Verhältnis ist lediglich von einem sachlichen Zweck bestimmt, und es gilt, sachlich miteinander umzugehen, ohne dass persönliche Antipathien dazwischenfunken. Gleichzeitig ist es aber auch nötig zu prüfen, ob sich hinter sachlichen Meinungsverschiedenheiten nicht doch auch persönliche Gründe verstecken, die auf den Tisch müssen.

Hilfreich wäre es, die Mitarbeiter nicht nur in ihrer Berufsrolle, sondern auch als Menschen kennen zu lernen und zu verstehen. Gesellige Veranstaltungen wie Betriebsausflüge sollen diesem Zweck dienen, sind jedoch trotzdem meist von Rollenzuweisungen bestimmt.

Persönliche Kontakte in der Freizeit helfen diese Rolle aufzubrechen. Ebenso auch private Gespräche in der Arbeitszeit, so ungern diese auch von manchen Chefs gesehen werden. Wer jedoch weiß, dass der Kollege oder die Kollegin nur deshalb auf eine bestimmte Weise auftritt, weil private Probleme ihn oder sie dazu gebracht haben, wird das Verhalten auch besser akzeptieren können.

2.2.03 Das Anti-Stress-Programm für jeden Tag

Wenn Sie diese Überschrift lesen, werden Sie vielleicht zu Recht stutzig. Was, schon wieder ein Programm? Habe ich mich als stressgeplagter Mensch nicht schon tagtäglich genug mit Programmen, Terminen und Stundenplänen herumzuschlagen?

Keine Angst! Es handelt sich hierbei nicht um ein festes Programm mit starren Zeiteinteilungen und verpflichtenden Übungen. Es geht mir nur darum, Ihnen ein paar Ratschläge zu geben, wie man den Alltag stressfreier bewältigen kann. Lassen Sie sich diese Ratschläge mal durch den Kopf gehen. Probieren Sie es mal aus. Ich bin sicher, das meiste davon werden Sie nicht als lästige Pflicht, sondern als angenehm empfinden, und manches wird Ihnen zur lieben Gewohnheit werden, die Sie nicht mehr missen möchten. Noch etwas: Die Ratschläge sind keine festen Anordnungen, sondern Anregungen, die Sie selbst entsprechend Ihren eigenen Veranlagungen, Ihren eigenen Bedürfnissen und Gewohnheiten abändern können und sollen.

Das Aufwachen am Morgen

Fangen wir gleich einmal beim morgendlichen Aufwachen an. Versuchen Sie auf alle Fälle, rechtzeitig aufzuwachen, den Wecker lieber etwas früher als zu spät zu stellen, und stehen Sie beim Läuten des Weckers auch tatsächlich auf. Viele Menschen, die man oft wenig liebevoll »Morgenmuffel« nennt, versuchen täglich, dem Wecker noch ein paar Minuten oder gar ein Viertelstündchen abzutrotzen, ihn auf vielfältige Weise zu überlisten. Aber in Wirklichkeit betrügen sie sich nur selbst damit. Denn die fehlende Zeit muss dann ja doch eingeholt werden, und schon nimmt der tägliche Stress seinen Anfang.

Schnell die Morgentoilette erledigt, ein Schlückchen Kaffee im Stehen, rein in die Klamotten, und schon beginnt das Rasen zur Haltestelle oder die morgendliche Hetzjagd im Auto. Wer den Tag so beginnt, wird ihn in der Regel so fortsetzen. »Morgens im Stress, den ganzen Tag im Stress«, könnte man fast als Regel formulieren.

Wie viel anders kann das alles aussehen, wenn Sie sich wirklich rechtzeitig aus den Federn erheben und dann in aller Ruhe die notwendigen morgendlichen Verrichtungen hinter sich bringen. Das heißt nun nicht, dass Sie beim Weckerläuten wie von der Tarantel gestochen aus dem Bett springen sollen.

Sehen Sie sich einmal die Tiere, einen Hund zum Beispiel, beim Aufwachen an. Sie recken sich und strecken sich gemächlich, bis wieder alle Muskeln und Glieder ihren Dienst tun, und erheben sich dann langsam auf die Beine. Ich würde Ihnen empfehlen, es den Tieren gleich zu tun, denn das entspricht auch unseren natürlichen biologischen Verhaltensweisen.

Und ein paar Minuten im Bett nach dem Weckerläuten können Sie sich auch gönnen. Diese Minuten helfen oft, sich gedanklich auf den Tag einzustellen, auch geistig »zu sich zu kommen«. Nur sollten Sie dabei nicht denken: »Ach könnte ich noch im Bett bleiben«, sondern sich auf den Tag und auf Ihre Umgebung einstellen.

Eine liebevolle morgendliche Begrüßung des Partners oder der Partnerin, die ja auch vom Wecker aufgeweckt oder im Schlaf gestört worden sind, kann den Beginn des Tages erleichtern. Noch im Bett kann die innere Sammlung, die Vorbereitung auf den Tag beginnen. Was wird der Tag bringen?

Hier unterscheiden sich wiederum die Charaktere. Der eine wacht mit Angstgefühlen auf, sieht in erster Linie das Negative, das bevorsteht. Am liebsten würde sich so ein Mensch wieder im Bett verkriechen. Wer den Tagesbeginn so erlebt, wird auch tatsächlich viel Negatives wahrnehmen und viele Dinge als Stress erleben, denn Ängste und Abwehrverhalten begünstigen ja, wie wir schon gesehen haben, den krank machenden Dis-Stress in hohem Maße.

Wer jedoch gewohnt ist, eher das Positive am nun beginnenden Tag zu sehen, wird bereits freudig aufstehen, eher munter sein und tatsächlich auch mehr Positives erleben und weniger dem Stress ausgeliefert sein. Natürlich gibt es auch in unserer Welt genügend Dinge, die zum Fürchten sind, die Ängste und Misstrauen auslösen können. Ich möchte auch nicht dazu raten, alle Probleme blauäugig zu verdrängen, aber viele Ängste und negativen Gefühle sind unnötig und lassen sich vermeiden, wenn Sie lernen, die Welt positiver zu sehen.

2.2.04 Der Spaß beginnt im Bad

Gymnastik löst Verspannungen

Kommen wir zurück zu Hund und Katze, die sich morgens nach dem Aufwachen erst einmal kräftig dehnen. Sie beseitigen damit die Muskelverspannungen, die durch das längere Liegen entstanden sind; die Muskeln werden so wieder gebrauchsfähig gemacht. Besser kann dieses Ziel erreicht und gleichzeitig die Muskulatur mit Sauerstoff versorgt und der Kreislauf in Gang gebracht werden, wenn Sie sich gleich nach dem Aufstehen zu einigen einfachen gymnastischen Lockerungsübungen entschließen können.

Aber bitte kein Pflichtprogramm nach dem Motto: von 6:30 Uhr bis 6:40 Uhr Gymnastik, sondern einfach nach Lust und Laune die Übungen absolvieren. Sommers wie Winters sollten Sie dazu die Fenster öffnen, damit den Muskeln und Lungen genügend Sauerstoff zugeführt werden kann. Natürlich dürfen Sie die Übungen nicht in einengender Kleidung durchführen. Wenn es die Situation erlaubt, sollten Sie unbekleidet sein. Ansonsten empfehle ich Ihnen lockere Kleidung aus natürlichen Fasern.

Bei allen Übungen kommt es nicht auf sportliche Höchstleistungen an, sondern auf Lockerheit. Auch müssen Sie weder die Schnelligkeit noch die Dauer steigern wie bei einem Muskeltraining. Den Ablauf der morgendlichen Gymnastik dürfen lediglich Lust und Laune bestimmen.

Welche Übungen Sie durchführen, ist völlig egal. Ob Sie nun *Armkreisen, Rumpfkreisen* oder *Rumpfbeugen, Schulter-* oder *Nackenübungen* machen – immer bestimmen Sie selbst, wie oft und wie intensiv Sie die Übungen durchführen. Auf die Beschreibung solcher gymnastischen Übungen will ich hier verzichten, die meisten haben sie schon in der Schule gelernt. Und sollten Sie sie wieder vergessen haben, kann ich Ihnen nur empfehlen, sich im Buchhandel ein entsprechendes Lehrbuch zu besorgen, das Ihnen anhand von Bildern die Übungsabläufe anschaulich darstellt.

Trockenbürsten

Hat die Gymnastik noch nicht für eine genügende Durchblutung Ihrer Haut und eine ausreichende Anregung des Kreislaufs gesorgt, dann, aber nicht nur dann, sollten Sie es mal mit dem so genannten Trockenbürsten versuchen. Hierzu benötigen Sie eine Hautbürste mit langem Stiel, mit der Sie ohne akrobatische Verrenkungen jede Stelle Ihres Rückens erreichen können.

Ein zusammengerolltes Handtuch kann ähnliche Dienste tun. Beim Bürsten wird nach einem bestimmten Schema vorgegangen. Zuerst sollten Sie den rechten Arm, dann das rechte Bein, dann den linken Arm, dann das linke Bein – immer in Richtung zum Herzen hin – bürsten, bis eine leichte Hautrötung eintritt und Sie ein Wärmegefühl spüren. Danach führen Sie bitte kreisförmige Bewegungen auf dem Bauch aus, schließlich auf dem Rücken. Brust und Rücken werden immer von innen nach außen gebürstet.

Durch das Bürsten werden die Hautfunktionen angeregt, der Blutkreislauf in Schwung gebracht und damit die Giftstoffe, die sich über Nacht im Körper angesammelt haben, schneller abgeleitet. Nach dem Trockenbürsten sollten Sie Ihre Haut einölen, am besten mit einem dünnflüssigen Öl auf pflanzlicher Basis.

Noch ein Rat zum Schluss: Führen Sie das Trockenbürsten nie am Abend durch, denn es regt den Körper so an, dass ein unruhiger Schlaf die Folge wäre. Achten Sie bitte auch darauf, dass es sich um *Trockenbürsten* handelt, denn viele Menschen, die sich eine Hautbürste angeschafft haben, bürsten damit die noch feuchte Haut nach dem Waschen.

Kalt macht munter

An Stelle des Trockenbürstens (oder zusätzlich dazu) können Sie nach der Morgengymnastik auch mit ein paar Kaltwasseranwendungen oder mit Wechselduschen fortfahren. Wie dies gemacht wird und welche ausgezeichneten gesundheitlichen Wirkungen damit zu erzielen sind, hat uns vor mehr als hundert Jahren der schwäbische Pfarrer und Naturheilkundler Sebastian Kneipp gelehrt. Seine Wassertherapien haben zur Gesundung und Gesunderhaltung von Millionen von Menschen in aller Welt beigetragen. Obwohl Kneipp der moderne Zivilisationsstress noch unbekannt war, hat er uns ein Heilmittel an die Hand gegeben, auf das wir bei der Vorbeugung gegen den Stress und dessen Behandlung nicht verzichten sollten.

Durch das kalte Wasser oder den Wechsel von warmem und kaltem Wasser wird unsere Haut besser durchblutet und eine wohltuende Wirkung auf Kreislauf und Nerven ausgeübt.

Die Kaltwasseranwendungen nach Kneipp erfolgen im allgemeinen nach genau festgelegten Schemen. Wenn Sie sich näher damit beschäftigen wollen, kann ich Ihnen empfehlen, sich eines der vielen Handbücher über die Kneippschen Behandlungsmethoden zu beschaffen. Ich möchte Sie hier nur mit einigen wenigen Grundregeln vertraut machen.

Zunächst gilt: Alle Kaltwasseranwendungen sollten nur durchgeführt werden, wenn der Körper bereits gut vorgewärmt ist. Nach dem Aufstehen bzw. der Morgengymnastik ist das ja meistens der Fall. Wenn Sie jedoch noch ein Frösteln verspüren, sollten Sie Ihren Körper erst mit heißem Wasser aufwärmen, bevor Sie ihn einem kalten Guss oder einer kalten Dusche aussetzen.

Die Zeitdauer für kalte Güsse bemisst sich danach, wie lange es dauert, bis eine Reizwirkung auf der Haut zu spüren ist, z.B. ein Wärmegefühl oder eine sichtbare Reizung.

Der Ort für die Verabreichung der kalten Güsse wird in der Regel die Badewanne sein. Auf den Wannenboden legt man am besten einen Rost, damit die Füße nicht längere Zeit im kalten Wasser stehen müssen.

Zum Gießen sollten Sie einen Wasserschlauch benutzen oder, wie zu Kneipps Zeiten, eine Gießkanne. Es ist jedoch auch die Verwendung eines Duschschlauchs möglich, wenn Sie vorher den Duschkopf abgeschraubt haben. Der Druck des Wassers sollte so eingestellt werden, dass bei senkrechtem Halten des Schlauchs das Wasser etwa fingerdick herausquillt. Nun gießt man so, dass das Wasser schräg auf die

Haut auftrifft, wobei das Schlauchende etwa eine Handbreit vom Körper entfernt sein soll. Das Wasser soll die Haut nicht bespritzen, sondern sie gleichmäßig mit einem Wasserschleier umhüllen. Nach dem Guss sollten Sie die Haut nicht abtrocknen, sondern lediglich das Wasser mit den Händen abstreifen.

Während bei den Kaltwassergüssen das Wasser Leitungstemperatur haben soll, erfolgt bei den Wechselgüssen und Wechselduschen ein Wechsel von kaltem und etwa 40 Grad warmem Wasser. Man beginnt stets mit dem warmen Duschen, das etwa 10 bis 20 Sekunden dauern kann, und lässt dann 4 bis 6 Sekunden das kalte Wasser auf die Haut wirken. Danach folgt wiederum eine warme und zum Abschluss eine kalte Dusche. Sie können die Wechselduschen auf den ganzen Körper wirken lassen oder wie bei den Kneippschen Güssen nur einzelne Körperpartien behandeln.

Musik bringt gute Laune

Wenn Sie sich schon nach den kalten Anwendungen oder den Wechselduschen so richtig frisch und gut gelaunt fühlen, wird Sie beschwingte Musik während Ihrer Morgentoilette und beim Ankleiden noch mehr in Schwung bringen. Vorausgesetzt Sie sind ein Typ, dem Musik Freude macht, und wohnen nicht mit jemandem zusammen, dem der Lärm auf die Nerven geht. Vielleicht haben Sie auch Spaß daran, mitzusingen oder mitzupfeifen, natürlich in einer Lautstärke, bei der Sie Ihren Mitmenschen nicht zur Last fallen. Das bringt gute Laune, die eine wichtige Voraussetzung dafür ist, nicht gleich von jedem stressauslösenden Reiz »getroffen« zu werden. Natürlich kann ich Ihnen keinen Rat geben, welche Musik für Sie die richtige ist. Der eigene Geschmack ist dafür entscheidend.

Ankleiden ohne Stress

Sie kennen vielleicht alle aus eigener Erfahrung Menschen, die erst morgens, kurz bevor sie das Haus verlassen müssen, damit anfangen, fieberhaft ihre Kleidung zusammenzusuchen. Da findet einer kein passendes Hemd zur Hose, und hat er es gefunden, muss er feststellen, dass ein Knopf fehlt. Sie findet kein passendes Kleid, weil sie just an dem, das sie anziehen wollte, einen Fettfleck entdeckt. Hektik entsteht und damit krank machender Dis-Stress. Sie sollten sich daher den einfachen Grundsatz zu Eigen machen, bereits am Abend vorher all die Kleidungsstücke bereitzulegen und zu kontrollieren, die Sie am nächsten Morgen anziehen möchten. Das Gleiche gilt für die anderen Dinge, die Sie für Ihr Tagwerk benötigen. Das erspart Zeit, Ärger und somit Stress. Überhaupt werden Sie, wenn Sie einmal aufmerksam geworden sind, merken, dass es oft die scheinbaren Kleinigkeiten und Selbstverständlichkeiten sind, die darüber entscheiden, ob wir den Tag unbeschwert oder voller Ärger verbringen können.

2.2.05 Das Anti-Stress-Frühstück für einen guten Tag

Jetzt ist es Zeit fürs Frühstück. Natürlich scheint derjenige Zeit zu sparen, der darauf ganz verzichtet. Aber dann kann sich der Hunger später zur unpassender Zeit einstellen und den Arbeitsablauf behindern. Auch können dem Körper die notwendigen Energien fehlen und sich infolgedessen Konzentrationsstörungen und frühzeitige Ermüdungserscheinungen einstellen. Aus diesem Grunde empfehle ich Ihnen, ausgiebig und in Ruhe zu frühstücken.

Ob Sie nun wie ein König oder wie ein Bettler frühstücken wollen, ist Geschmacksache und muss von jedem selbst entschieden werden. Aus gesundheitlichen Gründen ist es sicherlich zu empfehlen, einen großen Teil der während des Tages benötigten Nährstoffe, Mineralstoffe und Vitamine bereits am Morgen zu sich zu nehmen, damit der Körper tagsüber genügend damit versorgt ist. Andererseits aber möchte ich Ihnen auch von einem üppigen und fettreichen Frühstück mit Wurst und Käse abraten. Es gilt also einen brauchbaren Kompromiss zu schaffen.

Ich selbst habe für mich schon vor vielen Jahren eine praktische und gesunde Lösung gefunden. Als Morgenmuffel ist das Frühstück für mich eine Mahlzeit, die ich problemlos übergehen kann. Dennoch möchte und muss ich meinen Körper aber allmählich auf Betriebstemperatur bringen, ohne ihn dabei groß zu belasten, da ich sonst gleich wieder müde werde. Meine Lösung für dieses Problem ist so einfach wie bewährt: Als Erstes trinke ich zum Frühstück 2–3 Tassen Kräutertee, z. B. mit einem großen Anteil Rosmarin. Rosmarin ist nicht nur gut fürs Herz, sondern regt auch den Kreislauf an, ohne die schädlichen Nebenwirkungen des Koffeins zu haben. Rosmarin wird weiterhin ergänzt mit Fenchel, Kümmel, Pfefferminze, Brennnessel, Löwenzahn u. a. schmackhaften Kräutern, die je nach Jahreszeit zum Teil getrocknet, zum Teil auch frisch aus dem Garten in die Kanne kommen. Kochendes Wasser drüber, ziehen lassen, abseihen – und fertig ist ein schmackhaftes, belebendes und trotzdem organschonendes Frühstücksgetränk, das zudem noch eine heilend-beruhigende Wirkung auf Magen und Darm ausübt.

Mein zweiter Frühstücksgang besteht dann aus frisch gepresstem Obst- und Gemüsesaft, der in einem Spezialentsafter hergestellt wird, mit dem es sogar möglich ist, Petersilie zu entsaften. Die Gemüsesorten richten sich natürlich nach der Saison. Fast immer dabei aber sind Karotten, Staudensellerie, Gurke, breite Petersilie, Apfel und anderes Obst oder Gemüse je nach Jahreszeit. Einen sehr guten Geschmack bringen z. B. Melone oder auch Weintrauben. Mit diesem Obst-Gemüse-Mix führe ich meinem Organismus schon morgens alle notwendigen Mineralien, Vitamine und Spurenelemente zu, die er braucht, ohne meine Organe mit fetten und eiweißhaltigen Wurst- oder Käsesorten bzw. mit süßen Marmeladen oder Nougatcremes zu belasten.

Mit diesem Menü zum Frühstück halte ich problemlos bis zum Mittagessen und manchmal auch länger durch, ohne mir zusätzliche Kalorien zuzuführen.

Natürlich ist alles Geschmacksache, und über Geschmack lässt sich nicht streiten. Aber trotzdem sollten Sie daran denken, was gesund und was ungesund ist. Ich kann Ihnen deshalb nur empfehlen, es auch einmal mit meinem »Frühstücksmenü« zu probieren. Sie führen Ihrem Körper damit nicht nur schon am Vormittag genügend und vor allen Dingen gesunde Flüssigkeit zu, sondern Sie werden auch bald feststellen, wie fit und munter – und auch satt – diese »Trinkkur« macht. Außerdem werden Ihre Abwehrkräfte gestärkt, sodass Sie weitaus weniger Gefahr laufen, krank zu werden, also z.B. Infektionen wie Grippe und Erkältung zu bekommen.

Aber wie gesagt: Alles ist Geschmacksache. Wenn Sie nun Kräutertee und frisch gespressten Gemüsesaft partout nicht mögen, dann können Sie selbstverständlich auch auf andere Weise frühstücken. Wenn Sie morgens schon richtig »zuschlagen« wollen und es Ihnen auch bekommt, dann achten Sie wenigstens darauf, gesunde, vollwertige naturbelassene Kost zu sich zu nehmen, die weder mit Schadstoffen vergiftet noch durch einen industriellen Verarbeitungsprozess denaturiert worden ist.

Nehmen wir doch einmal unsere Frühstücksbrötchen: Sie sind fast alle aus Auszugsmehl hergestellt, ebenso wie unsere Graubrote und Weißbrote. Das heißt, dem Getreide sind alle gesunden Vitalstoffe, Vitamine und Mineralien entzogen, da diese sich in der äußeren Hülle befinden, die bei den Auszugsmehlen entfernt wird. Sie haben gleichsam Produkte aus »kastriertem Mehl«, die für die menschliche Ernährung völlig wertlos sind und nur überflüssige Kalorien enthalten. Zudem fehlen diesen Getreideprodukten auch die so genannten Ballaststoffe, die für die geregelte Verdauung so wichtig sind.

Wenn Sie also Brot oder Brötchen kaufen, sollten Sie darauf achten, dass es sich um *vollwertige* Backwaren handelt. Vollwertig ist dabei auch immer Vollkorn, wobei Vollkorn nicht immer vollwertig bedeutet. Das liegt daran, dass für vollwertige Backwaren ausschließlich frisch gemahlenes Vollkornmehl verwendet wird, aber keine Zusatzstoffe wie die schon erwähnten Geschmacksverstärker, Farbstoffe, Konservierungsstoffe oder Zucker hinzugefügt werden dürfen. Dies ist bei normalen Vollkornbackwaren aber durchaus der Fall. Vollwertige Backwaren gibt es z.B. in Reformhäusern, Bioläden oder bei den so genannten Schnitzer Bäckern. Natürlich können Sie Ihre Vollwertbackwaren aber auch selbst herstellen. Im Handel gibt es dafür eine ganze Reihe von Vollwertbackbüchern, in denen Sie alle Rezepte und Backanleitungen finden.

Der hohe Wert des vollen Getreides liegt neben seinem Gehalt an Ballaststoffen in seinem großen Anteil an Vitaminen und Mineralstoffen. Vor allem das Vitamin B1 und das Vitamin E sind im Getreidekorn enthalten, und gerade diese beiden Vitamine schützen vor frühzeitiger Ermüdung, stärken die Nerven und helfen, gegen Stressschäden vorzubeugen.

Noch höher ist die gesund erhaltende Wirkung des vollwertigen Getreides, wenn Sie es roh essen, denn beim Backen wird ein Teil der Vitamine zerstört. Dazu verwenden Sie am besten die grob gemahlenen (geschroteten) Körner für einen »Frischkornbrei« oder ein Müsli.

Als Aufstrich für Ihr Vollwertbrot oder Ihre Vollwertbrötchen empfehle ich Ihnen Butter, da sie, obgleich aus tierischem Fett gewonnen, doch weitgehend auf natürliche Weise hergestellt ist. Wer jedoch schon unter zu hohem Cholesterinspiegel leidet, kann auch eine Margarine mit hohem Anteil mehrfach ungesättigter Fettsäuren verwenden.

Als Auflage kommen magerer Käse, Quark, Honig oder ungezuckerte Marmeladen in Frage. Abraten möchte ich

Ihnen von Wurst und fettem Käse, denn diese enthalten viele »versteckte Fette« und darüber hinaus Kochsalz, Phosphate und Nitrate, die allesamt gerade für stressgeplagte Menschen gesundheitsschädlich sind.

Was trinke ich zum Frühstück?

Auf die Schädlichkeit der bei uns am meisten getrunkenen Frühstücksgetränke Kaffee und Tee habe ich bereits mehrfach hingewiesen. Diese vermeintlichen »Muntermacher« sollten auch nicht nötig sein, wenn Sie den Tag mit Gymnastik und erfrischenden Kaltwasseranwendungen begonnen haben.

Stattdessen würde ich Ihnen – wie schon beschrieben – Kräutertees und Frucht- oder Gemüsesäfte empfehlen. Diese Getränke sind nicht nur unschädlich, sondern enthalten auch die lebenswichtigen Vitamine und Mineralstoffe in größeren Mengen. Kräutertees können Sie sich als fertige Mischungen (Frühstückstees) kaufen. Ansonsten möchte ich Ihnen vor allem zu vitaminreichen Kräutertees wie Hagebuttentee raten. Auch Brennnesseltee, Brombeerblättertee, Pfefferminztee usw. können für Abwechslung sorgen. Als »Muntermacher« eignet sich auch besonders der schon erwähnte aromatische Rosmarintee.

Bei gekauften Fruchtsäften würde ich Sie bitten, darauf zu achten, dass sie möglichst keinen Zucker enthalten. Zucker ist ein ausgesprochener »Vitaminkiller« und zerstört gerade die Vitamine, die das Wertvolle an Fruchtsäften sind.

Pressen Sie also Ihre Fruchtsäfte selbst oder achten Sie beim Einkauf darauf, dass es sich um naturreine Säfte handelt. Getränke mit der Bezeichnung »Nektar« oder »Fruchtsaftgetränk« sind wenig empfehlenswert, da sie meist mit Wasser und Zucker versetzt sind und nur prozentuale Anteile an reinem Fruchtsaft enthalten.

Trinken Sie gerne Mineralwasser, so sollten Sie sich das

Etikett genau ansehen. Wässer, die einen hohen Natriumgehalt aufweisen, was auch oft bei teuren »Heilwässern« der Fall ist, sollten Sie meiden. Diese Wässer können den Blutdruck erhöhen und Herz- und Kreislauferkrankungen begünstigen. Am besten ist es, wenn ein Wasser die Auszeichnung »natriumarm« besitzt und dennoch genügend andere Mineralstoffe wie Kalzium, Kalium und Magnesium enthält.

Immer mehr Menschen gehen heute schon dazu über, ein für ihren Organismus absolut neutrales Wasser zu trinken. Sie wollen sicher sein, sich keine Sorgen darüber machen zu müssen, welche Schadstoffe sie mit dem Wasser zu sich nehmen könnten. Die einfachste und sicherste Lösung, ein solches Wasser zu erhalten, ist die Verwendung eines *PurWater*-Gerätes, das Sie beim ProVital Versand bestellen können. Mit dem System gelingt es, bis zu 98 % der Verunreinigung aus dem Trinkwasser herauszufiltern. Dazu wird das Gerät, das in jeder Küche Platz hat, einfach an den Wasserhahn angeschlossen, was durch eine Schnellkupplung problemlos möglich ist. Das Gerät arbeitet nur mit dem Druck des Leitungswassers und ohne jegliche elektrische Energie. Ist es erst einmal angeschlossen, brauchen Sie nur noch den Wasserhahn aufzudrehen. Das Einzigartige an dem Gerät ist ein ausgeklügeltes dreifaches Reinigungssystem. So fließt das Leitungswasser zunächst durch einen Sedimentfilter, der alle Stoffe bis zur Größe von 1 Micron (8-mal kleiner als ein rotes Blutkörperchen) entfernt. Danach muss das Wasser eine Spezialmembran durchdringen, die nach dem Prinzip der »Umkehrosmose« ausschließlich reine Wassermoleküle einzeln in den Trinkwassertank des Gerätes einfließen lässt und Schadstoffe zurückhält und wegspült. Ein Aktivkohlefilter entfernt dann noch Chlor und dessen krebserzeugende Nebenprodukte und gibt so dem gereinigten Wasser den kristallklaren Geschmack einer naturbelassenen Bergquelle. Mit dem normalen Standardgerät können Sie täglich bis zu 30 Liter gereinigtes Trinkwasser produzieren, das reicht für eine ganze Familie

Noch mehr können Sie natürlich für Ihre Familie tun, wenn Sie das in dem *PurWater*-Gerät gereinigte Wasser schon am Abend vorher ohne Hexerei in ein ganz besonderes Wasser »verzaubert« haben, mit dem Sie Sauerstoff trinken können.

Sie haben richtig gelesen. Es ist nämlich schon vor einiger Zeit gelungen, den *»OXYWELL-Sauerstoff-Wasserbereiter«* herzustellen, mit dem Sie aus normalem Leitungswasser oder *stillem* Mineralwasser mit Sauerstoff angereichertes Wasser produzieren können, das nachweisbar für eine bessere Sauerstoffversorgung Ihres gesamten Organismus sorgt. Damit erreichen Sie nicht nur eine allgemein vitalisierende Wirkung auf jede Zelle des Körpers, sondern auch eine ähnlich gesunde Wirkung, wie sie bei der Einnahme von Vitalstoffen (z.B. Vitamin A, C, E, Selen, Q10, Zink) eintritt. Diese Entdeckung machte Prof. Michael Schoenberg, Leiter der chirurgischen Abteilung des Rot-Kreuz-Krankenhauses München. Das Ergebnis seiner Studie beschreibt er folgendermaßen: »Bei allen Probanden, die Wasser mit 60–70 mg reinem Sauerstoff pro Liter tranken, stieg der Gehalt vom aktiven Sauerstoff im Blut. Folge: Die körpereigene Abwehr gegen freie Radikale war deutlich verbessert.« Eine solche Sauerstoffkonzentration von 60–70 mg im Wasser ist aber durch den Einsatz des *»OXYWELL-Sauerstoff-Wasserbereiters«* problemlos zu erreichen, womit die Anforderungen, die Prof. Schoenberg an das »Sauerstoffwasser« stellt, erfüllt sind.

Damit Ihnen das nicht wie ein Märchen vorkommt, lassen Sie mich dazu einiges erklären.

Schon 1998 gelang es einer Firma, ein neues Verfahren zur Anreicherung von Flüssigkeiten mit Gas zu entwickeln und zum Patent anzumelden. Der nächste Schritt war dann die Herstellung von zwei Geräten, die Wasser mit Sauerstoff anreichern können. Diese beiden Erfindungen waren so revolutionär, dass sie auf der siebenundzwanzigsten Erfindermesse 1999 in Genf mit Goldmedaillen ausgezeichnet wurden.

Durch ein spezielles physikalisches Verfahren mit dem neuen *Sauerstoff-Wasserbereiter* ist es jetzt möglich, normales Trinkwasser oder stilles Wasser mit natürlichem Sauerstoff anzureichern. Das Heimgerät besteht aus einem dekorativen Dispenser aus Edelstahl, der einem Heimsyphon ähnelt und nach dem Befüllen überall hin mitgenommen werden kann. Nachdem dieser Dispenser mit Wasser gefüllt wurde, erfolgt die Sauerstoffaufladung des Wassers durch eine Ladestation (eine 930 ml Sauerstoffpatrone, mit der etwa 50 Liter Sauerstoffwasser hergestellt werden können) oder durch eine 10 ml Einwegpatrone, die für die Herstellung von 1 Liter Sauerstoffwasser ausreicht. Sowohl die Sauerstoffpatrone als auch die Ladestation werden dabei durch eine einfache Schraubverbindung direkt mit dem Dispenser verbunden, sodass der Sauerstoff aus der Ladestation bzw. der Sauerstoffpatrone auf Grund des dort bestehenden Überdrucks problemlos im Dispenser einströmen und sich mit dem darin befindlichen Wasser verbinden kann. Dadurch steigt der Sauerstoffanteil in dem so mit Sauerstoff angereicherten Trinkwasser auf 60 bis 70 Milligramm je Liter. Das ist ein enorm hoher Wert, wenn man berücksichtigt, dass normales Leitungswasser sonst lediglich 4–6 Milligramm Sauerstoff pro Liter und gutes Quellwasser nur 8–15 Milligramm Sauerstoff pro Liter enthalten. Und auf dieser enormen Differenz beruht auch die Wirkung des mit Sauerstoff angereicherten Wassers.

Wissenschaftliche Studien, die Professor Schoenberg im Rot-Kreuz-Krankenhaus in München durchgeführt hat, beweisen nämlich eindeutig, dass normales Trinkwasser oder Quellwasser zu keiner Erhöhung des Sauerstoffdrucks im Blut eines Menschen führt. Tranken die Versuchspersonen jedoch mit dem »Sauerstoffwasserbereiter« produziertes *Wasser,* zeigte sich bei allen Probanden ein deutlicher Anstieg des aktiven Sauerstoffs im Blut. Die Untersuchungen ergaben dann weiterhin, dass nach etwa 30 bis 60 Minuten die Sauerstoffanreicherung im Blut am höchsten war.

Weitere Forschungen ergaben dann, dass regelmäßiges Trinken von mit Sauerstoff angereichertem *Wasser* zu einer besseren Bekämpfung von so genannten »freien Radikalen« führt. Dabei handelt es sich – einfach ausgedrückt – um hoch aggressive, giftige Stoffwechselprodukte, die bei jedem Menschen als Abfallprodukte des normalen Stoffwechsels entstehen. Während eine gewisse, genau dosierte Menge von »freien Radikalen« oder – wie sie auch genannt werden – Sauerstoffradikalen für den Organismus notwendig sind, damit sein Abwehrsystem bestimmte Krankheitserreger wirkungsvoll bekämpfen kann, können zu viele »freie Radikale« selbst zu schweren Krankheiten führen. Krankheiten und Umweltgifte (z.B. Nikotin, Autoabgase usw.) können vermehrt »freie Radikale« freisetzen und so z.B. zu Augenerkrankungen, zu Lungenveränderungen, Krebs, Rheuma usw. führen. Nicht zuletzt ist auch dauerhafter Dis-Stress als Verursacher von vermehrter Radikalenbildung zu nennen.

Schon seit geraumer Zeit ist nun aber bekannt, dass man der vermehrten Bildung von »freien Radikalen« entgegenwirken kann, wenn man regelmäßig Vitamine wie z.B. Vitamin A, C und E oder auch Mineralien wie Kupfer, Zink, Mangan und Selen zu sich nimmt.

Da die Einnahme dieser Antioxidantien jedoch nicht immer und nicht bei jedem hilft, nehmen die Wissenschaftler heute an, dass es einer »positiven Stimulation« bedarf, um diese Wirkung zu erreichen. Als »positive Stimulation« könnte man dabei u.a. leichtes körperliches Training, z.B. wohl dosiertes Konditionstraining, bezeichnen, wogegen exzessive sportliche Tätigkeit eher das Gegenteil bewirkt. Dabei werden die körpereigenen Abwehrkräfte nämlich geschwächt und die Sportler nicht selten krank.

Eine andere »positive Stimulation« stellt aber – wie Professor Schoenbergs Untersuchungen zeigen – das regelmäßige Trinken von mit Sauerstoff angereichertem *Wasser* dar. Verschiedene von Professor Schoenberg durchgeführte Tests zeigten nämlich, dass es durch das Trinken dieses *Was-*

sers tatsächlich zu einer Stimulation der antioxidativen Kapazität kommt.

Daraus ergibt sich, dass nicht nur die Wirkung von eingenommenen Antioxidantien durch Trinken dieses *Wassers* verstärkt werden kann, sondern dass allein dadurch selbst schon eine nachweisbare Bekämpfung von »freien Radikalen« möglich ist.

Verständlich also, dass das regelmäßige Trinken von mit Sauerstoff angereichertem Wasser nur jedem Menschen empfohlen werden kann. Damit wird nicht nur die Energiebilanz der Zellen erhöht, sondern es werden auch die Vitalität und das Immunsystem gestärkt. Der Wissenschaftler und Doktor der Medizin Professor Pakdaman, einer der Erfinder der »peroralen Sauerstoff-Therapie«, wie das Trinken von mit Sauerstoff angereichertem Wasser wissenschaftlich bezeichnet wird, hat eine umfangreiche Liste von Beschwerden und Krankheiten aufgestellt, bei denen das Trinken von mit Sauerstoff angereichertem Wasser helfen kann. Dazu gehören unter anderem Abwehrschwäche, Lungen- und Atemwegserkrankungen, Herz- und Gefäßfunktionsstörungen, Durchblutungsstörungen, Störungen des Hörvermögens (z.B. Ohrensausen), Störungen des Zellstoffwechsels, Blutdruckschwankungen, Verdauungsstörungen, Arthritis und Polyarthritis (Gelenkentzündung), Leber- und Gallenleiden, Nierenleiden, Kopfschmerzen und Migräne, Müdigkeit, Abgeschlagenheit und Leistungsschwäche sowie psychovegetative Störungen.

Auf seinem Vortrag im September 2000 in Burg Trausnitz bei Landshut meinte Professor Schoenberg sogar, dass er sich vorstellen könne, dass durch mit Sauerstoff angereichertes *Wasser* sogar eine Krebstherapie positiv beeinflusst werden könnte, z.B. wenn der Patient Metastasen in der Leber hat.

Soweit einige Hinweise zu den wissenschaftlichen Grundlagen. Natürlich ist für Sie als Verbraucher zunächst einmal wichtig, dass dieses *Wasser* auch im täglichen Leben, z.B. bei Erschöpfungszuständen durch körperliche oder geistige Anstrengung, durch dauerhaften Stress oder Ähnliches schon nach wenigen Minuten zu einer deutlichen Belebung führt und verbrauchte Energie zurückbringt. Und wenn Sie im Laufe des Tages dann alle 1½ bis 2 Stunden erneut zu dem *Wasser* greifen und etwa ¼ Liter davon trinken, können Sie diese verbesserte Leistungsfähigkeit auch über den Tag konstant halten. Das ist natürlich für all die Menschen besonders wichtig, die unter permanentem Dauerstress stehen und deshalb auch ständig krankheitsgefährdet sind.

In meinen Praxen konnte ich diese positive Wirkung ebenfalls sehr deutlich feststellen. Die Patienten, die regelmäßig mit Sauerstoff angereichertes Wasser trinken, berichten nämlich von einer deutlichen Steigerung ihres Wohlbefindens. Zusätzlich fiel mir auch auf, dass die ansonsten verabreichten Therapien schneller und nachhaltiger wirkten, sodass die Behandlungsergebnisse deutlich positiver ausfielen. Auch bei mir selbst konnte ich eine spürbare Leistungssteigerung und größere Belastbarkeit feststellen, seit ich die perorale Sauerstoff-Therapie mit dem angereicherten *Wasser* bei mir anwende. Und dabei ist die Durchführung doch so einfach. Da die meisten Menschen sowieso zu wenig trinken, sorgt das tägliche Quantum von mit Sauerstoff angereichertem *Wasser* dafür, dass der Körper endlich genügend Flüssigkeit erhält. Und diese »flüssige Gesundheit« tut nicht nur gut, sondern schmeckt auch noch sehr frisch und angenehm. Sie erhalten den Sauerstoff-Wasserbereiter übrigens über den ProVital Versand 55444 Seibersbach.

Doch zurück zum Frühstück. Damit Sie schon morgens das mit Sauerstoff angereicherte *Wasser* genießen können und für den Rest des Tages genug Vorrat haben, sollten Sie das Wasser im Dispenser bereits am Abend vorher mit Sauerstoff anreichern, gut schütteln und im Kühlschrank lagern. Sie haben dann am nächsten Tag genügend Vorrat, um nicht nur zum Frühstück, sondern auch für den Rest des Tages immer wieder Energie zu tanken, die allemal gesünder ist als Kaffee oder schwarzer Tee.

2.2.06 Der Weg zur Arbeit

Bei unserem Ziel, unnötige Hetze zu vermeiden, ist es selbstverständlich, dass man das Haus morgens für den Weg zur Arbeit rechtzeitig verlässt. Es ist allemal besser, etwas zu früh anzukommen als zu spät. Oft kann man die gewonnene Zeit dann nutzen, sich noch in Ruhe auf die Arbeit einzustellen oder ein Gespräch mit ein paar Kolleginnen oder Kollegen zu führen. So etwas kann durchaus entspannend sein und die Arbeitsatmosphäre verbessern.

Wenn es von der Entfernung her möglich ist, sollte man den Weg zur Arbeitsstätte zu Fuß oder mit dem Fahrrad zurücklegen. Wenn Sie das Auto zu Hause lassen, schonen Sie nicht nur Ihre Umwelt, sondern auch sich selbst. In kaum einem anderen Bereich gibt es so viele Stressoren wie im täglichen Straßenverkehr zu den so genannten Stoßzeiten. Da gibt es Ärger über Staus, lange Wartezeiten, über Falschparker, da ist ständige Konzentration nötig, Lärm und Abgase umgeben einen.

Selbst bei Leuten, die von sich behaupten, ihnen mache Autofahren überhaupt nichts aus, konnte man erhöhten Blutdruck als Folge des Stresses feststellen, solange sie hinterm Steuer saßen.

Doch wenn Sie dennoch auf das Auto nicht verzichten können, sollten Sie so fahren, dass Ihr Stress möglichst gering bleibt. Das heißt konkret: Rechtzeitig wegfahren, das heißt aber auch »defensives Fahren«. Sie sollten nicht unbedingt überholen wollen, sollten den anderen Verkehrsteilnehmer als Partner und nicht als Gegner sehen, so schlecht er nach Ihrer Meinung auch fahren mag. Lieber mal jemandem den Vortritt lassen als zu drängeln. Gleichmäßiges Fahren statt ständiges Beschleunigen und Bremsen schont nicht nur Ihr Auto, sondern auch Ihre Nerven.

Eine weitere Möglichkeit, Nerven und Geld zu sparen und gleichzeitig die Umwelt zu schonen, ist die Bildung von Fahrgemeinschaften mit Leuten, die den gleichen Weg zur

Arbeit haben. Die Vorteile liegen auf der Hand. Man muss sich nicht selbst jeden Tag hinters Steuer klemmen, hat geringere Ausgaben für Benzin und trägt dazu bei, die Luft weniger zu verpesten. Nur in einer Gesellschaft wie der unsrigen, wo jeder vor allem an sich selbst denkt, konnte der Wunsch entstehen, am liebsten alleine in einem für vier oder fünf Personen zugelassenen Wagen zu fahren.

Wenn Sie sich entschließen können, Ihren Wagen zu Hause zu lassen, ist der Vorteil ein doppelter: Der Straßenverkehr wird entlastet, und Sie haben weniger Stress und mehr Bewegung, also auch mehr Stressabbau. Leider ist bei unseren vom Auto bestimmten Verkehrsverhältnissen das Radfahren und Zu-Fuß-Gehen auch nicht immer ungefährlich und stressfrei. Und selbst dort, wo vernünftig denkende Kommunalpolitiker für genügend Fuß- und Radfahrwege gesorgt haben, bleibt noch der Stress, der vom Verkehrslärm und den Auspuffgasen verursacht wird.

Wem der Weg zur Arbeit aber zu weit zum Gehen oder Radfahren ist, dem bleiben noch die öffentlichen Verkehrsmittel, mit denen man gut und stressfrei, ja sogar erholsam zur Arbeit gelangen könnte, wenn diese flächendeckend und in dichteren Abständen und nicht nur nach Rentabilitätsmaßstäben verkehren würden.

Stressvermeidung am Arbeitsplatz

Kaum ein Bereich ist heute so stressträchtig wie der Arbeitsplatz. Auch hier gilt, dass es nicht die körperliche Tätigkeit ist, die den krank machenden Dis-Stress verursacht, sondern Zeitdruck, gleichförmige und unpersönliche Arbeit, fehlende Kommunikation, Auseinandersetzungen mit Mitarbeitern, Vorgesetzten usw. Eine befriedigende Arbeit, deren Tempo man selbst bestimmen kann, deren Ergebnis einen mit Befriedigung und Stolz erfüllt, ist heutzutage kaum mehr möglich. Viele Menschen sind nur noch mit irgendwelchen Teilprozessen in der Produktion oder im Handel beschäftigt, fühlen sich nur als ein kleines Rädchen in einem großen Getriebe, das für sie unüberschaubar bleibt. Der Sinn der Arbeit kann nicht mehr erfasst werden, stattdessen erfährt man nur Zeitdruck und äußere Zwänge.

Dies führt zwangsläufig zu Stress auslösenden Situationen. Umso notwendiger ist es, vermeidbaren Stress auch wirklich zu vermeiden und die Freude an der Arbeit, die tatsächlich möglich ist, auch zu genießen.

Der Arbeitsplatz

Wenn wir nicht gerade in kalten Großraumbüros oder großen Fabrikhallen arbeiten müssen, sondern noch kleine überschaubare Arbeitsräume und Arbeitsplätze unser Eigen nennen können, dürfen wir uns glücklich schätzen.

Diesen Arbeitsplatz kann man vielfach relativ behaglich und auch persönlich einrichten, sodass er einem weniger fremd und abstoßend erscheint. Dazu gehören nicht nur ein zweckmäßiges Mobiliar und Arbeitsgerät, sondern noch manche kleinen Dinge, die uns die tägliche Umwelt verschönern helfen: eine Zimmerpflanze, deren Grün uns wohltut und deren Pflege uns Freude macht, ein Bild an der Wand, ein Foto der Familienangehörigen oder sonstiger lieber Menschen. Wenn noch Platz für einen bequemen Stuhl oder ein kleines Tischchen ist, an dem wir während der Pausen entspannen und frühstücken können, ist es umso besser, denn die Arbeitspausen in großen, lauten und verrauchten Kantinen sind meist nicht gerade sehr erholsam.

Der Arbeitsplatz selbst sollte den körperlichen Bedürfnissen entgegenkommen. Die Schreibtischhöhe muss körpergerecht sein, der Schreibtischstuhl ebenso, damit Verkrampfungen und Verspannungen infolge falscher Sitzhaltung vermieden werden. Auf eine gute augenschonende Beleuchtung ist zu achten. Eine vernünftige Organisation und Ordnung am

Arbeitsplatz vermeiden zeitaufwändiges und Stress förderndes Suchen. Funktionierende Arbeitsgeräte ersparen Ärger. So ist es im Betrieb durchaus auch im Sinne der Unternehmer, wenn sie nicht an Mitteln sparen, die den Mitarbeitern die Arbeit erleichtern. Weniger Ärger, weniger körperliche Unannehmlichkeiten führen auch zu weniger Krankheiten und zu besseren Arbeitsleistungen.

Ein Beispiel für eine Betriebsorganisation, in der nicht der Mensch im Mittelpunkt steht, sondern die Organisation selbst, ist die feste Zeiteinteilung in Großbetrieben, von Fabriken bis hin zu Schulen. Auf ein Klingelzeichen hin muss die Arbeit unterbrochen werden, egal, ob dies gerade an einer sinnvollen Stelle geschieht oder nicht. Auf ein weiteres Klingelzeichen hin wird sie wieder aufgenommen, ob man sich nun ausgeruht fühlt oder nicht. Anfang und Ende des Arbeitstages werden wiederum durch Signale bezeichnet und oft noch durch Maschinen überwacht. Glücklich, wer sich seine Arbeitspausen noch nach den Bedürfnissen seines Körpers oder dem Rhythmus des Arbeitsvorganges einteilen kann. Eine Pause ist dann sinnvoll, wenn der Körper Ermüdungserscheinungen zeigt oder wenn ein Abschnitt einer längeren Tätigkeit beendet oder ein Vorgang abgeschlossen ist.

Wer jetzt einwendet, dass zu wenig gearbeitet würde, wenn jeder die Pause nach seinen Bedürfnissen einlegt, beachtet nicht, dass gerade nach rechtzeitig erfolgten Pausen die Arbeit konzentrierter und schneller vorangeht, als wenn man bereits übermüdet in die Pause geht und Rücken und Augen schmerzen. Eine nach diesen Überlegungen eingeteilte Arbeitsorganisation könnte viel Stress und gesundheitliche Schäden vermeiden.

Zwar haben dies die meisten Arbeitswissenschaftler eingesehen, aber leider nur ein kleiner Teil der Unternehmer.

Stress fördernd ist auch eine körperlich und geistig völlig eintönige Arbeit. Sind solche Arbeiten zu verrichten, muss man sich Abwechslung verschaffen. Wer über Stunden hinweg an einer Maschine sitzt, sollte öfters aufstehen, sich recken und strecken. Dabei sollte kräftig durchgeatmet werden, damit der Körper wieder besser mit Sauerstoff versorgt wird.

Nach einer gewissen Zeit sind zusätzlich auch gymnastische Übungen zu empfehlen.

2.2.07 Ernährung am Arbeitsplatz

Was ich im Kapitel über das gesunde Frühstück schon beschrieben habe, soll auch für die Wahl der Verpflegung am Arbeitsplatz gelten. Leider haben viele Kantinen, Cafeterien und innerstädtischen Imbissbuden auf die Erkenntnisse über moderne gesunde Ernährung keinerlei Rücksicht genommen. Nicht nur aus Kostengründen, sondern auch wegen mangelnder Nachfrage, denn bis jetzt weiß nur eine Minderheit unserer Bevölkerung über die Grundlagen vollwertiger Nahrung Bescheid.

Den Betriebskantinen müssten die Angestellten zu erkennen geben, dass sie bereit wären, ein paar Pfennige mehr zu zahlen, wenn ihnen dafür eine vollwertige Nahrung angeboten würde.

Dass dies möglich ist, beweisen schon eine Reihe von Kantinen, wo zumindest ein Auswahlessen nach den Grundsätzen der Vollwertkost zusammengestellt ist. Auf jeden Fall sollten wenigstens Rohkostgerichte, Quark- und Joghurtspeisen sowie Salate angeboten werden, die mit wenig Salz und Essig, dafür aber mit naturbelassenem Öl angemacht sind.

Sind solche Voraussetzungen in Ihrem Betrieb nicht gegeben, sollten Sie sich selbst vollwertige Speisen mit an den Arbeitsplatz nehmen. Frischkornmüsli, Quarkspeisen, Joghurts, Obst und die diversen Vollkornbackwaren lassen sich in einem geeigneten Behälter ebenso gut zur Arbeit transportieren wie die herkömmlichen, mit fetter Wurst belegten Stullen. Frisch angemachte Salate eignen sich für die Mittagspausen am Arbeitsplatz ebenso wie Gemüseaufstriche aller Art. Wenn Sie skeptisch sind: Haben Sie es schon einmal mit einem Aufstrich aus der Avocado versucht oder mit kaltem Linsenpüree oder einem Püree aus Kichererbsen und Tahini (Sesammus), um nur einige leichte und leicht mitzunehmende Speisen zu nennen?

2.2.07.1 Ernährung nach Bedarf

Wichtig ist auch zu erkennen, dass während der oft kurzen Mittagspausen ein kalorienhaltiges Mittagessen allenfalls für körperlich schwer arbeitende Menschen geeignet ist. Und auch das nur, wenn eine genügend lange Mittagspause zur Verfügung steht, in der ohne Hast und Eile gegessen werden kann. Ansonsten wird es Zeit einzusehen, dass wir Abschied nehmen müssen von vielen Essgewohnheiten unserer Vorfahren. Diese stammen oft noch aus einer Zeit, in der die Mehrzahl der Menschen körperliche Schwerarbeit leisten musste. Manche haben sich das reichhaltige Essen auch in den ersten Jahren nach dem Krieg angewöhnt, wo nach langer Zeit der Entbehrung ein Nachholbedürfnis bestand und jeder glaubte, dass der Körper viel Nährwerte (d.h. kalorienhaltige Nahrung) braucht.

Bei sitzender Tätigkeit reichen jedoch kleine und leichte Mahlzeiten völlig aus. Übergewicht als Folge von zu vielem und zu fettem Essen bei gleichzeitigem Mangel an Bewegung ist verantwortlich für viele Herz- und Kreislauferkrankungen und Stoffwechselstörungen.

2.2.07.2 Richtig trinken am Arbeitsplatz

Sicherlich werden die so genannten anregenden Getränke wie Kaffee und Tee am Arbeitsplatz am häufigsten konsumiert.

Es findet sich kaum ein Büro, in dem nicht ständig, zumindest aber in den Arbeitspausen, eine Kaffeemaschine am Dampfen ist. Der Kaffee soll Müdigkeit vertreiben. Viele Menschen ruinieren sich damit aber ihr Nerven- und Kreislaufsystem und werden stressanfälliger.

Wenig bekannt ist leider, dass auch von Kräutertees eine anregende Wirkung ausgehen kann. Auch Frucht- oder Gemüsesäfte und Milchgetränke sind am Arbeitsplatz gute Durstlöscher.

Besonders empfehlenswert als »Bürogetränk« ist natürlich mit Sauerstoff angereichertes Wasser. Auf Seite 93 ff. habe ich schon ausführlich darüber berichtet. Dieses *OXYWELL-Wasser* verbessert nicht nur Ihre Konzentration und Leistungsfähigkeit, sondern spült auch Ihre Zellen sauber und trägt so ganz wesentlich zur Entgiftung sowie zur Entlastung von Herz und Kreislauf bei.

2.2.08 Der Kontakt zu den Kollegen

Seine Kollegen am Arbeitsplatz kann sich niemand selbst aussuchen. Jeder ist täglich mit ihnen zusammen, oft länger als mit dem selbst gewählten Lebenspartner. Oft sitzt man im selben Raum, sodass auch bei auftretenden Konflikten ein Ausweichen nicht möglich ist. Was bleibt also übrig, als sich mit ihnen zu arrangieren, wenn die Qualität der Arbeit nicht leiden soll.

All dies stellt natürlich häufig eine stressauslösende Situation dar. Psychologen haben die Wirkung solchen Aufeinander-angewiesen-Seins in noch extremeren Situationen untersucht, in denen Menschen längere Zeit gemeinsame Räumlichkeiten teilen mussten. Die psychischen Folgen solcher Dauerkonfrontation beschrieben sie als »Lagerkoller«. Ein wenig davon spüren wir auch am Arbeitsplatz, besonders dann, wenn unausgesprochene und ungelöste Konflikte zwischen den Mitarbeitern schwelen.

Zusammenarbeit ohne Konflikte

Wir können diese Stress erzeugenden Situationen nur vermeiden, wenn wir uns klarmachen, dass vielleicht dem Kollegen, den wir nicht leiden können, unsere Nase auch nicht besser gefällt als uns die seine. Das heißt, wir sollten den Mitarbeiter, den Kollegen oder die Kollegin mit all ihren Schwächen und Stärken akzeptieren lernen. Nur wenn uns diese Haltung in Fleisch und Blut übergegangen ist, werden wir uns nicht mehr ärgern, wenn die Kollegen immer dieselbe uns störende Angewohnheit pflegen, immer die gleichen Fehler machen usw.

Eine absolute Konfliktfreiheit bei gemeinsamer Arbeit gibt es nicht. Wichtig ist jedoch, dass wir die auftretenden Konflikte nicht unter den Teppich kehren, sondern auf den Tisch legen und in einem offenen Gespräch zu klären versuchen.

Angst vor dem Chef

Am gefürchtetsten sind für viele Arbeitnehmer die Konflikte mit Vorgesetzten. Hier sind die Meinungsverschiedenheiten zusätzlich belastet von anderen Stress erzeugenden Ängsten, von einer tief sitzenden Autoritätsangst und von der Angst vor dem Verlust des Arbeitsplatzes oder einer schlechteren Beurteilung, die die Karriere behindern kann.

Die Stress erzeugenden Ängste vor Autoritäten können Sie nur bekämpfen, wenn Sie sich klarmachen, dass auch Ihr Chef ein Mensch wie du und ich ist. Also ein Mensch mit Fehlern und Schwächen.

2.2.09 Feierabend – freie Zeit für die Gesundheit

Sprich dir die Seele frei

Ist es nicht gelungen, den Ärger aus dem Büro in ruhigen Gesprächen auszuräumen, sollten Sie zunächst gleich zu Hause mit Ihrem Partner oder Ihrer Partnerin darüber sprechen. Das ist besser und gesünder, als den Ärger in sich hineinzufressen, unleidlich herumzusitzen oder die aufgestauten Aggressionen an Ihrer Familie auszulassen.

Nur wenn Sie bereit sind, sich die Seele frei zu sprechen, die aufgestauten Spannungen abzubauen, den »Dampf abzulassen«, können Sie einen erholsamen Feierabend genießen. Die Familie sollte Ihnen dabei eine Stütze sein, auf die Verlass ist und zu der Sie mit Ihren Sorgen jederzeit kommen können. Das ist sicherlich ein wichtiges Merkmal echter Partnerschaft. Meine Bitte gilt also auch der Familie des Heimkommenden, ihn oder sie nicht gleich mit Anforderungen zu überfallen, sondern ihm erst mal zuzuhören und ein wenig Ruhe zu gönnen. Natürlich kann es auch zu Hause Ärger gegeben haben. Sei es, dass in der Schule mit den Kindern etwas schief gelaufen ist, dass es im Haushalt Probleme gab oder sonst irgendetwas Schwierigkeiten gemacht hat. Natürlich gilt auch hier das Gebot des Zuhörens und Sich-Aussprechens.

Meist ist noch etwas Zeit zwischen Heimkommen und Abendessen. Nutzen Sie sie vielleicht zu einem kleinen Spaziergang oder für ein wenig Arbeit im Garten. Wenn Sie sich ganz besonders abgespannt fühlen, würde ich Ihnen ein Kräutervollbad empfehlen. Das wirkt oft Wunder.

Ein Kräuterbad wirkt Wunder

Wenn Sie ein warmes Vollbad nehmen, sollte die Wassertemperatur nie höher als 35–39° C sein, da Sie sonst nur noch mehr ermüden.

Im Bad sollten Sie sich völlig ausstrecken, Muskeln und Glieder entspannen und versuchen, an schöne Dinge oder an nichts zu denken. Selbst das oft belächelte Spielen mit dem Wasser, dem Schaum, einem Schiffchen oder der berühmten »Loriot-Ente« kann zur Entspannung beitragen, ebenso wie das Singen oder Pfeifen eines Liedes. Scheuen Sie sich also nicht, Ihren Lieblingssong vor sich hin zu trällern, und genießen Sie die angenehme Entspannung im Bad.

Die entspannende und beruhigende Wirkung wird dabei noch erhöht, wenn Sie dem Bad Kräuterzusätze beigeben. Es gibt eine Reihe von echten, auf natürlicher Basis hergestellten Badezusätzen zu kaufen, sodass es sich nicht lohnt, diese selbst herzustellen. Nur sollten Sie darauf achten, dass es sich nicht um Billigprodukte handelt, bei denen die natürlichen Kräuter durch Aromastoffe ersetzt worden sind und denen haut- und umweltschädliche Stoffe beigefügt wurden. Besonders bewährt haben sich Vollbäder der Firma Schiele aus reinen ätherischen Ölen, die sich gleichmäßig im Wasser verteilen. Dadurch können sie von der Haut gut aufgenommen werden. Natürlich werden die ätherischen Öle auch durch die Wärme des Wassers während des Badens freigesetzt, sodass Sie sie während Ihres Vollbades auch inhalieren, was die Wirkung deutlich verstärkt. Die Vollbäder zeichnen sich dabei noch durch Haut pflegende Eigenschaften aus, die verhindern, dass Ihre Haut austrocknet oder gar gereizt wird. Diese Vollbäder erhalten Sie allerdings nicht im Handel, sondern nur beim ProVital Versand.

Welchen Badezusatz Sie wählen sollten, richtet sich natürlich danach, was Sie mit Ihrem Vollbad erreichen wollen. Wenn Sie eine beruhigende, schlaffördernde Wirkung wünschen, die Ihre Nervosität vertreibt, dann empfehle ich Ihnen ein *Entspannungsbad mit Melisse.* Wenn Sie eine noch stärker beruhigende Wirkung wünschen und vielleicht planen, schon bald ins Bett zu gehen, dann hilft Ihnen sicherlich das *Ruhebad mit Baldrian* weiter. Natürlich können Sie Baldrian- und Melissebad auch miteinander mischen.

Fühlen Sie sich körperlich müde und zerschlagen, tun Ihnen die Muskeln weh und haben Sie Beschwerden mit dem Bewegungsapparat, dann empfehle ich Ihnen ein *Bewegungsbad mit Heublume.* Es wirkt durchblutungsfördernd, entspannt die Muskulatur, ist hilfreich bei Nervenreizungen und bei allen Beschwerden von Knochen, Muskeln und Gelenken.

Haben Sie dagegen am Abend noch etwas vor und wollen wieder schnell fit werden, dann ist sicher das *Aktivierungsbad mit Rosmarin,* das *Stoffwechselbad mit Wacholder* oder das *Vitalbad mit Wald- und Wiesenkräutern* das Richtige für Sie. Alle wirken durchblutungsfördernd, vertreiben Schwächezustände und Müdigkeit und regen Kreislauf und Durchblutung an.

Radio und Fernseher – Entspannung oder Stress?

Die elektronischen Unterhaltungsmedien sind in unserer Zeit allgegenwärtig und beherrschend. In vielen Familien läuft das Radio oder der Fernseher nahezu ununterbrochen. Selbst neben dem Essen, neben den Schularbeiten der Kinder, neben den immer spärlicher werdenden Unterhaltungen wird auf die Dauerberieselung aus dem Äther nicht verzichtet. Gemeinsames Familienleben, anregende Gespräche, gemeinsame Spiele werden vernachlässigt, vom gemeinsamen Musizieren oder Vorlesen ganz zu schweigen. Ein Miteinander-Sprechen, ein Sich-Aussprechen, die Teilhabe an den Problemen der anderen ist unter diesen Voraussetzungen oft kaum mehr möglich.

Natürlich kann angenehme Musik oder auch zeitweiliges

Fernsehen zur Entspannung nach der täglichen Anstrengung beitragen, aber dies sollte nicht die ganze Freizeit umfassen. Denn andererseits enthält das Fernsehen auch viele Stress fördernde Momente:

Die aufregenden Sendungen, die Konzentration auf den Bildschirm, die ständige Geräuschkulisse bei Filmen und die Lichtreize bei Show-Sendungen sind alles andere als entspannend. Dazu kommt, dass das Fernsehprogramm den Zeitablauf des Familienlebens und der Freizeitgestaltung mitbestimmt und sich deshalb der Zeitplan nicht nach den eigenen Bedürfnissen richtet.

Wer das Fernsehen zur Entspannung nutzen möchte, anstatt sich erneuten Dis-Stress aufzuhalsen, sollte es auf ein paar ausgewählte Sendungen reduzieren, die ihn interessieren und ihm Anregungen verschaffen können. Überhaupt sollte man sich endlich bewusst machen, dass jedes Fernsehgerät auch einen Knopf zum Ausschalten hat.

Entspannungsspaziergang

Oft bleibt am Abend, besonders im Sommer, noch die Zeit zu einem Spaziergang allein oder mit der Familie. Solch ein Spaziergang kann sowohl entspannen als auch anregen. Die Bewegung an frischer Luft hilft beim Abbau des Stresses. Dies ist die Gelegenheit für Gespräche, für entspannendes Naturbeobachten, eventuell fürs Fotografieren.

Neue Erfahrungen werden gemacht. Das Nachdenken über die Rolle des Menschen in seiner natürlichen Umwelt trägt zu einer neuen Lebenseinstellung bei, in der nicht mehr das »Immer-mehr-haben-Wollen«, das »Besser-sein-Wollen« als andere im Vordergrund steht.

Auch im Herbst und Winter, wenn es nach Feierabend schon dunkel ist, sollten Sie zumindest noch einen kurzen Spaziergang unternehmen, damit Sie sich noch etwas Bewegung und Sauerstoff verschaffen.

Entspannung durch Sport, Spiel und Geselligkeit

Über die Wichtigkeit regelmäßiger Bewegung ist sich heutzutage jeder im Klaren. Ein gewisses Maß an körperlicher Anstrengung ist unbedingt vonnöten, um Herz und Kreislauf in Schwung zu halten und Stress abzubauen. Möglichst täglich einmal sollten wir ins Schwitzen kommen, sollte unser Puls Werte um 130 Schläge pro Minute erreichen. Verrichten wir keine körperlich anstrengende Arbeit, ist ein solcher sportlicher Ausgleich zur Aufrechterhaltung der Gesundheit unbedingt nötig.

Außerdem kann körperliches Training Gefühle von Eu-Stress auslösen. Die Freude an der Bewegung, am eigenen Körper, die Überwindung von Trägheitsgefühlen sind Erlebnisse, die das Herz buchstäblich höher schlagen lassen.

Umgekehrt wissen wir aber auch, dass Sportarten, bei denen Leistungs- und Konkurrenzdenken einen breiten Raum einnehmen, zur Erholung wenig geeignet sind. Deshalb sollten Sportarten im Vordergrund stehen, die einfache natürliche Bewegungsabläufe fördern wie Laufen, Radfahren und Schwimmen. Oder auch Sportarten, die spielerisch Freude bereiten, wie einige Ballspiele, die man ja nicht immer todernst und wettkampfmäßig betreiben muss. Zur Freude am Spiel gesellt sich bei den Ballspielen oft auch die Freude an der Geselligkeit, die uns viel Spaß und Entspannung schenken kann.

Im Kreise der Familie, im Bekanntenkreis oder auch im Verein können wir wieder lernen, miteinander zu spielen, anstatt gegeneinander zu kämpfen oder zu wetteifern. Diesem Bedürfnis tragen viele neu gegründete Freizeitclubs Rechnung.

Auch die Nachbarschaft sollte in unserer Zeit wieder mehr gepflegt werden. Wo früher Nachbarschaftshilfe selbstverständlich war, selbst dann, wenn es Streitpunkte gab, ist heute vielfach die Gleichgültigkeit gegenüber dem Nachbarn zur Regel geworden – und das nicht nur in den Wohnsilos der großen Städte. Gemeinsame Veranstaltungen mit den Nachbarn, Haus- und Straßenfeste sind ebenso wünschenswert wie das gemeinsame Anlegen von Freizeiteinrichtungen und Spielplätzen in den Wohnsiedlungen. Beim gemeinsamen Schaffen gewinnen wir Eu-Stress durch Freude – statt Dis-Stress durch Streit.

Doch sollte sich natürlich niemand zu Gemeinsamkeiten zwingen, zu denen er keine Lust hat. Wer mehr Freude am Alleinsein hat, wer gerne im stillen Kämmerchen seinen Hobbys nachgeht, soll auch dies dürfen und sich nicht neue Verpflichtungen in puncto Geselligkeit aufhalsen müssen.

Entspannung in der Sauna

Das finnische Dampfbad, die Sauna, hat sich in den letzten Jahren mehr und mehr bei uns durchgesetzt, ja ist geradezu in Mode gekommen. Wer die Regeln des richtigen Saunabadens beachtet, hat die Möglichkeit, sich zu entspannen und gleichzeitig Kreislauf und Durchblutung anzuregen. Gerade das rechte Mittel, um gegen Stress vorzubeugen oder ihn zu vertreiben. Ein Saunabesuch pro Woche, und Sie leisten einen wichtigen Beitrag für Ihre Gesundheit.

Entgegen landläufiger Meinung verträgt nahezu jeder einen Saunabesuch. Nur wer an schweren chronischen Krankheiten oder Infektionen leidet oder stark erhöhten Blutdruck hat, sollte auf den Saunabesuch verzichten. Leute mit geschwächtem Kreislauf müssen sich bezüglich Dauer und Wärme etwas zurückhalten und sollten den Sprung ins eiskalte Tauchbecken unterlassen.

Ansteigende Fußbäder – eine wahre Wohltat

In vielen Saunen hängen Anleitungen für das richtige »Saunabaden«. Hier können Sie auch oft lesen, dass zwischen den einzelnen Saunagängen ein Fußbad empfohlen wird. Fußbäder haben ganz allgemein eine ausgleichende Wirkung auf das vegetative Nervensystem und eignen sich nicht nur als »Zwischenspiel« zwischen zwei Saunagängen. Sie können durchaus auch regelmäßig zu Hause im eigenen Badezimmer durchgeführt werden.

Dies gilt umso mehr, wenn Sie nicht nur normale Fußbäder machen, sondern ansteigende Kreislauf-Fußbäder nach Schiele. Dafür benötigen Sie ein entsprechendes *Kreislaufgerät,* das aus einer Fußwanne aus Stahl besteht, die so konstruiert ist, dass ihr Heizstrahler im Boden der Wanne computergesteuert das Wasser genau um ein Grad in zwei Minuten erwärmt. Ein Holz- oder Plastikrost schützt Ihre Fußsohlen davor, sich an dem Boden der Wanne zu verbrennen. Dadurch, dass die Wärme direkt über Ihre Fußreflexzonen wahrgenommen wird, entwickeln sich bestimmte reflektorische Reize, die sich von den Fußsohlen aus über den ganzen Körper verbreiten. So werden Blut- und Lymphkreislauf um das Vierfache beschleunigt, ohne dass es zu einer Belastung des Herzens kommt. Deshalb spricht man auch von einem »passiven Kreislauftraining«. Gleichzeitig erweitern sich die Blutgefäße, und das in den Organen angestaute Blut fließt wieder zurück in den Kreislauf und kann sich erneut mit vitalisierendem Sauerstoff aufladen. Je nachdem, was Sie mit dem Bad erreichen wollen bzw. welche Beschwerden Sie behandeln möchten, werden noch bestimmte Badezusätze in das Wasser gegeben und die Fußsohlen vor dem Eintauchen ins Wasser mit ätherischen Ölen eingerieben. Nach Abschluss des Fußbades, also etwa nach 20 bis 30 Minuten (je nach Menge des eingefüllten Wassers), werden die Füße abgetrocknet und anschließend mit einer Speziallotion eingerieben, die die Poren schließt und die empfindliche Haut der Fußsohlen schützt.

Die Wirkung dieser ansteigenden Fußbäder ist phantastisch. Neben der Beschleunigung des Blut- und Lymphflusses werden ätherische Öle freigesetzt, die Sie während des Fußbades einatmen. Gleichzeitig treten die ätherischen Öle aber auch über die Haut der Füße in den Blutkreislauf ein und können so ihre heilende Wirkung bei den unterschiedlichsten Beschwerden entfalten.

In meinen Praxen in Mainz und Stromberg gehören die *ansteigenden Kreislauf-Fußbäder* mittlerweile seit 26 Jahren zum festen Therapieplan, und ich möchte sie nicht mehr missen. Es ist immer wieder erstaunlich, bei welch unterschiedlichen Beschwerden und Krankheiten eine solch einfache und alte Heilmethode erfolgreich eingesetzt werden kann. Verschiedene Formen von Kopfschmerzen, Nervenschmerzen, Muskel- oder Gelenkschmerzen und Durchblutungsstörungen aller Art lassen sich damit ebenso gut beeinflussen wie hoher und niedriger Blutdruck, Kreuzschmerzen, Magen- und Darmstörungen, rheumatische Beschwerden, Hauterkrankungen und Unruhe oder Spannungszustände.

Auch in Verbindung mit der Sauerstoff-Mehrschritt-Therapie nach Prof. Manfred von Ardenne, über die ich später noch genauer berichten werde, lassen sich diese Fußbäder als »Sauerstoff-passiv-Regeneration« hervorragend einsetzen, denn sie verkürzen die Anwendungszeit für die Sauerstofftherapie auf ein Viertel der üblichen Dauer.

Das richtige Abendessen als Stressbremse

Für das Abendessen gilt dasselbe wie für alle anderen Mahlzeiten. Die Atmosphäre sollte ruhig und entspannt sein. Laute Gespräche, heftige Diskussionen, laute Musik oder gar ein im Hintergrund plärrender Fernsehkasten haben am und um den Abendbrottisch nichts zu suchen.

Lassen Sie sich zum Essen unbedingt Zeit. Gut gekaut ist halb verdaut. Getränke können Sie in Essenspausen zu sich nehmen, nicht jedoch zum Hinunterspülen ungekauter Nahrung.

Auch ein schön gedeckter Tisch und ein bunt dekorierter

Teller erfreuen das Auge und tragen zur besseren Verwertung des Essens und zur angenehmeren Essatmosphäre bei. Es heißt nicht von ungefähr: Das Auge isst mit.

Natürlich empfehle ich Ihnen auch zum Abendessen vollwertige Nahrung, bei der die industriell gefertigten Nahrungsmittel, Kochsalz, Zucker und tierische Fette eingeschränkt werden sollen. Da dem Körper nur noch kurze Zeit bis zum Schlaf bleibt, sollte das Abendessen nicht zu spät eingenommen werden und der Verdauung wegen möglichst leicht sein. Leider hat es die moderne Arbeitswelt mit sich gebracht, dass in vielen Familien die Hauptmahlzeit erst abends eingenommen wird. Dann sollten Sie jedoch den Zeitpunkt möglichst früh legen.

Als leichte Kost empfehle ich vor allem Rohkostgerichte und Salate. Quarkspeisen, nicht blähendes Gemüse, Gerichte aus Kartoffeln und Körnerfrüchten sind ebenfalls als Abendessen geeignet. Für die Auswahl der Rezepte stehen Ihnen heute viele Kochbücher über Vollwertkost zur Verfügung.

Getränke am Abend

Nach den Hinweisen über eine vernünftige Ernährung möchte ich Ihnen nun auch noch einige Ratschläge zu gesunden Getränken geben: Zum Trinken eignen sich auch am Abend besonders Kräutertees und natriumarme Mineralwässer. Besonders empfehlen möchte ich noch einmal das im *PurWater-Gerät* gereinigte und anschließend im *OXYWELL-Sauerstoffwasserbereiter* mit lebendigem Sauerstoff angereicherte Wasser. Durch seinen hohen Anteil an vitalem Sauerstoff regt es die Funktion aller Organe an und fördert so auch den Verdauungsvorgang.

Kaffee und schwarzer Tee sind am Abend zu meiden, da sie am Einschlafen hindern. Auch Alkohol sollte nur in Ausnahmefällen und nicht regelmäßig als Getränk zum Essen genossen werden.

Wenn Sie all diese Tipps beherzigen, haben Sie sich schon die beste Basis für einen gesunden Schlaf geschaffen.

2.2.10 Eine gute Nacht

Gesunder Schlaf bringt neue Kräfte

Über Jahrhunderte hinweg haben die Menschen immer wieder gerätselt, welche Aufgaben dem Schlaf eigentlich zukommen. Manche Dichter nannten ihn den »Bruder des Todes«, andere sahen ihn als Gabe der Götter.

So manchem aktiven Menschen wäre es am liebsten, nie schlafen zu müssen, andere dagegen sind nicht aus den Federn zu kriegen. Fest steht, dass der Schlaf lebensnotwendig ist. Schon nach einigen Tagen des Schlafentzuges oder auch nur eines gestörten Schlafes zeigt sich, dass die Leistungskurve des Menschen enorm ab- und seine Anfälligkeit für Krankheiten deutlich zunimmt.

Schlaf ist kein Zustand der Bewusstlosigkeit, sondern eine sehr aktive, vom Gehirn gesteuerte Leistung des Organismus. Schlaf hilft, Körper und Seele zu regenerieren, damit sie mit den Aufgaben des Tages besser fertig werden können.

Aus diesem Grund muss sich natürlich auch ein Buch, das vom Umgang mit dem Stress und der Vorbeugung gegen den Stress handelt, mit dem gesunden Schlaf befassen.

Die Vorsorge für einen gesunden Schlaf fängt bereits mit einem entspannten Feierabend an. Ein leichtes Abendessen, nicht zu spät eingenommen, sorgt dafür, dass uns nicht ein gefüllter Magen am Einschlafen hindert. Aufregende Spiele oder Fernsehsendungen am Abend sollten Sie sich nicht zumuten.

Mir ist aus meiner Praxis ein Ehepaar bekannt, das gemeinsam mit einem anderen Paar regelmäßig am Abend Karten spielt. Beide strapazieren dabei ihre Nerven derartig, dass sie noch Stunden danach keinen Schlaf finden.

Patienten, die an Einschlafstörungen leiden, berichten immer wieder, dass sie sich abends häufig aufregende Krimis im Fernsehen ansehen. Der rechtzeitige Druck auf den Ausschaltknopf würde hier manchmal schon die Einschlafstörungen beheben können. Sind Konflikte aufgetreten, so sollte man sie nicht im Raum stehen lassen, sondern versuchen, noch vor dem Einschlafen zu einer Lösung zu kommen.

2.2.10.1 Tipps für problemloses Ein- und Durchschlafen

Die richtige Schlafzimmertemperatur

Sicher haben Sie auch schon die Erfahrung gemacht, dass verschiedene Menschen verschiedene Auffassungen über die richtige Temperatur im Schlafzimmer haben. Manche mögen es mollig warm, und andere glauben nur schlafen zu können, wenn morgens Eisblumen die Fenster zieren. Manche möchten die Fenster geschlossen haben, andere brauchen auch im strengsten Winter frische Luft.

In dieser Frage gibt es kein richtig oder falsch, denn die Macht der Gewohnheit ist stärker, und jede Umstellung würde nur zu Stress führen. Sicherlich ist eine mittlere Temperatur von 16 bis 18° C vorteilhaft, weil sie einerseits nicht zum übermäßigen Schwitzen mit anschließendem Aufdecken und damit zur Erkältungsgefahr führt, andererseits aber auch jemanden, der gut zugedeckt ist, nicht frieren lässt.

Ein geöffnetes Fenster begünstigt die Sauerstoffzufuhr. Wer aber zugempfindlich ist oder an einer auch in der Nacht belebten Straße wohnt, hält das Fenster besser geschlossen. Ihm möchte ich empfehlen, einige Stunden vor dem Einschlafen nochmals die Fenster aufzumachen und somit für eine gute Belüftung zu sorgen.

Das richtige Bett

Ob Sie lieber auf harten oder auf weichen Matratzen schlafen, ist Sache der Gewohnheit. Der Mittelweg dürfte auch hier am besten sein. Jedes Bett sollte einen verstellbaren Lattenrost haben, weil dieser eine allseitige Belüftung der Matratzen ermöglicht und außerdem eine Hochlagerung der Füße oder des Oberkörpers zulässt, was bei Durchblutungsstörungen in den Beinen oder am Herzen sehr hilfreich sein kann.

Dass das Bett nicht knarren und quietschen sollte, ist eine Selbstverständlichkeit, denn jedes Geräusch stört den Schlaf, auch wenn einem die Störung nicht bewusst wird.

Die Bettwäsche sollte aus Naturstoffen, also vor allem aus Baumwolle bestehen, da nur solche Stoffe genügend luftdurchlässig und feuchtigkeitsaufsaugend sind. Eine Ausnahme bilden hier lediglich die modernen atmungsaktiven Kunstfasern, die die Körperfeuchtigkeit nach außen ableiten und so dafür sorgen, dass man »trocken« liegt.

Was für die Bettwäsche gilt, gilt natürlich auch für das Deckbett. Beliebt sind nach wie vor die Bettdecken mit Gänsefedern- oder Daunenfüllung. Sie sind leicht und atmungsaktiv, geben aber oft doch die Feuchtigkeit nicht ausreichend nach außen ab, sondern saugen sie nur auf, was zu einer »klammen« Bettdecke führt. Menschen, die nachts leicht zum Schwitzen neigen, ist eine atmungsaktive Bettdecke zu empfehlen, wie sie heute aus modernen Kunstfasern hergestellt wird. Diese Fasern haben außerdem noch den Vorteil, dass sich keine Milben darin einnisten können, was bei Allergikern von besonderer Wichtigkeit ist.

Die richtige Entspannung vor dem Einschlafen

Um einschlafen zu können, müssen zunächst einmal alle äußeren Störquellen beseitigt werden, vor allem die Geräusche und Lichtreize. Fast noch wichtiger ist jedoch die Beseitigung der »inneren« Störquellen. Das gute Gewissen wird im Sprichwort zu Recht ein sanftes Ruhekissen genannt. Bohrende Zweifel, Gewissensbisse, Probleme, ungelöste Konflikte und Geheimnisse, die wir mit uns herumtragen, hindern am Einschlafen.

Eine Aussprache mit dem Partner, das Lösen von Konflikten und Problemen, eine Versöhnung nach einem Streit sind dagegen außerordentlich Schlaf fördernd.

Besonders wichtig ist jedoch, dass Sie niemals versuchen sollten, sich zum Einschlafen zu zwingen. Der Gedanke »Ich muss jetzt unbedingt schlafen, denn morgen muss ich wieder ganz munter sein, um etwas leisten zu können«, ist falsch und setzt Sie nur unter Druck, wodurch erneut Stress entsteht. Solche selbst auferlegten Schlafzwänge sind deshalb der beste Weg zum Nicht-Einschlafen-Können. So paradox es klingt: Viele Menschen können gerade deshalb nicht einschlafen, weil sie unbedingt einschlafen wollen.

Ändern Sie also einfach Ihre Einstellung. Wenn Sie einmal nicht einschlafen können, sagen Sie sich, dass das kein Beinbruch ist, denn notfalls können Sie auch mal ohne Nachtschlaf auskommen. Zwingen Sie sich aber nicht zum Schlaf. Stehen Sie stattdessen lieber auf und entspannen Sie sich. Lesen Sie ein gutes Buch oder gehen Sie vielleicht noch etwas spazieren. Irgendwann kommt die nötige Bettschwere ganz von selbst. Wenn Sie sich dann hinlegen, werden Sie auch schnell einschlafen.

Natürlich gibt es auch einige altbewährte Tricks, die dazu beitragen können, den ersehnten Schlaf zu finden.

Hier einige Beispiele:

Sehr wirkungsvoll ist eine dunkelblaue Glühbirne, die Sie an Stelle der weißen Glühbirne in Ihre Nachttischlampe einschrauben. Lassen Sie das Licht dann über Nacht brennen, und Sie werden schon bald merken, wie das blaue Dämmerlicht Ihre Nerven beruhigt, Ihre Augen müde macht und Sie allmählich, ohne dass Sie es merken, selig einschlafen lässt.

Ein altbewährtes Rezept stammt von Pfarrer Kneipp, der schon zu seiner Zeit seinen schlafgestörten Patienten feuchtkalte Socken empfohlen hat. Ziehen Sie diese nassen Socken an und darüber ein Paar trockene Wollstrümpfe. Das Resultat dieser Prozedur sind dann warme Füße, die schnell zur Entspannung und zum besseren Einschlafen beitragen.

Immer wieder bewährt hat sich auch ein alter Trick, den ich schon in meiner Kindheit erfolgreich angewandt habe: Dunkeln Sie, bevor Sie schlafen gehen, das Zimmer ab. Lassen Sie dann im Bett die Augen ganz bewusst offen. Schon bald werden Ihre Augen durch die Dunkelheit müde werden und schließlich zufallen. Lassen Sie das jedoch nicht zu und machen Sie die Augen immer wieder auf. Dieses Spiel wird sich einige Male wiederholen, aber dann wird Ihr Körper den Kampf gegen Ihren Willen mit Sicherheit gewinnen. Das heißt, dass Sie schon bald so müde sein werden, dass Ihnen die Augen zufallen, ohne dass Sie es letztlich noch bemerken. Dann sind Sie eingeschlafen.

Soweit nur ein paar kleine Tricks. Mehr Rezepte und Hinweise auf natürliche Einschlafhilfen finden Sie in meinem Buch »Omas Hausapotheke neu entdeckt«, das Ihnen auch für viele andere nervöse Störungen wertvolle Rezepte liefert.

Schlaffördernde Naturheilmittel – schlafstörende »Schlafmittel«

Gerade nach dem Hinweis auf »Einschlaf-Tricks« möchte ich nicht versäumen, darauf hinzuweisen, dass tatsächlich Millionen von Menschen unter Schlafstörungen leiden und dann leider chemische Schlafmittel einnehmen. Davor kann ich gar nicht genug warnen. Diese chemischen Schlafmittel enthalten nicht nur schwer abbaubare Gifte und machen süchtig, sie sind darüber hinaus auch das beste Mittel, um *nicht* einschlafen zu können.

Ohne Übertreibung kann man daher sagen, dass die Ursache der meisten Schlafstörungen gerade die regelmäßige Einnahme von chemischen Schlafmitteln ist. Selbst wenn diese für Schlaf sorgen, handelt es sich dabei nicht um einen erholsamen Schlaf, da das Gehirn weitgehend ausgeschaltet ist und es so nicht zur Verarbeitung der täglichen Erlebnisse und psychischer Probleme kommen kann, wie dies beim gesunden Schlaf der Fall ist. Die Folge davon sind meist erhöhte psychische Anfälligkeit und Stressanfälle, die dann zu erneuten Einschlafschwierigkeiten führen, sodass meist noch die Dosis erhöht und somit Sucht erzeugt wird.

Auch Alkohol stellt, wie weiter vorn schon ausgeführt, kein harmloses Schlafmittel, sondern ein Zellgift dar. Es ist nichts gegen ein Gläschen Wein am Abend zu sagen, aber dies sollte nicht übertrieben werden. Vor allem sollte man nie zum alkoholischen Getränk greifen, nur um einschlafen zu können.

Als natürliche Mittel zur Schlafförderung stehen uns eine Reihe wirksamer Kräutertees zur Verfügung. Baldrianwurzel, Hopfenblüten und Melissenblätter bilden vor allem die Grundlage dieser Tees. Genaueres zu ihrer Anwendung finden Sie in unserem Teil über die Stress mindernden Heilkräuter.

Neben Schlaf fördernden Kräutertees gibt es auch eine ganze Reihe von pflanzlichen oder homöopathischen Fertigpräparaten zur Schlafförderung in der Apotheke zu kaufen. Nicht alle sind gleich gut, und so kommt es sehr darauf an, welches Präparat Sie einnehmen. Meinen Patienten empfehle ich schon seit geraumer Zeit *Luvased®-Dragees,* die zwei der wichtigsten Heilpflanzen zur Entspannung und Schlafförderung enthalten, nämlich Baldrianwurzel und Hopfenzapfen, von denen jeweils ein hochdosierter Trockenextrakt verwendet wird.

Die Einnahme dieser Dragees führt deshalb in aller Regel auch zum Erfolg, nämlich zu einem gesunden Schlaf. Und die Betonung liegt hier tatsächlich auf dem Wort *gesund,* denn die in den Dragees verwendeten Heilpflanzen stören den natürlichen Schlafrhythmus nicht, d.h. Sie wachen am nächsten Morgen erfrischt auf und haben keinen »dicken Kopf«. Nebenwirkungen und Abhängigkeit sind bei diesem Präparat nicht zu befürchten.

Ein heikles Problem sind natürlich Schlafstörungen bei Kindern. Hier ist es besonders wichtig, keine chemischen Arzneimittel einzusetzen, sondern sich ausschließlich auf natürliche Heilmittel zu beschränken. Schlafstörungen bei Kindern werden heute immer häufiger. Schon im Kindergarten sind unsere Kleinen heute einem gewissen Leistungsdruck ausgesetzt, der dann nach der Einschulung noch deutlich zunimmt. So entsteht zwangsläufig Stress, der nicht selten noch dadurch verstärkt wird, dass die Sprösslinge in ihrer Freizeit nicht in der freien Natur herumtollen, sondern lieber stundenlang vor dem Fernseher oder dem Computer-Bildschirm hocken. Nervosität, Gereiztheit und letztlich auch Schlafstörungen sind somit vorprogrammiert. Gute Ratschläge helfen meist ebenso wenig wie Schimpfen oder gar Strafandrohung. Wie gut, dass es gut verträgliche Präparate aus Heilpflanzen gibt, die eine beruhigende und Schlaf fördernde Wirkung entfalten, ohne den kindlichen Organismus zu belasten. Auch hier sind es jetzt wieder die bewährten Heilpflanzen *Baldrianwurzel, Melissenblätter* und *Passionsblumenkraut,* die in dem für Kinder wohlschmeckenden *SEDinfant®N-Sirup* verarbeitet sind, der in Apotheken erhältlich ist. Mit diesem Heilmittel konnte ich schon viele »Zappelphilippe« zur Ruhe bringen und ihnen einen erholsamen Schlaf bescheren. Besonders bemerkenswert bei diesem Sirup ist, dass keine Nebenwirkungen oder Wechselwirkungen mit anderen Mitteln bekannt sind. Auch kann der Sirup nicht nur größeren Kindern, sondern sogar schon Kleinkindern unter drei Jahren gegeben werden.

Auch Sex ist ein Naturheilmittel

Was könnte uns mehr und tiefere Entspannung bringen als ein liebevolles Zusammensein mit dem Partner oder der Partnerin vor dem Einschlafen. Körperliche Anspannung und Entspannung bilden einen Rhythmus, der dem einseitig anspannenden Dis-Stress des Tages entgegenwirkt. Dazu kommt ein Eu-Stress durch die Freude am Zusammensein und an der Zärtlichkeit.

Freilich ist Sex nicht gleich Sex. Wo er zur Pflicht wird, wo ein neuer Leistungsdruck im Bett entsteht, wo die Häufigkeit des sexuellen Zusammenseins eingeplant ist, ein Druck zum »Gelingen« da ist, kann Sexualität auch zur Quelle von Dis-Stress werden.

Manchmal gerät leider auch in Vergessenheit, dass Sexualität in vielfachen Formen ablaufen kann und nicht immer auf die gleiche zielgerichtete Weise. Ebenso wird oft vergessen, dass erst Zärtlichkeit und liebevolle Gefühle das wesentliche Fundament für eine befriedigende und entspannende Sexualität liefern.

Wie sehr eine befriedigende Sexualität dem Stress entgegenwirkt, zeigen alle statistischen Untersuchungen. Menschen, die in befriedigenden Beziehungen leben und entspannte und angstfreie Sexualität genießen können, leben gesünder und auch länger. »Singles« dagegen haben – zumindest statistisch – eine wesentlich kürzere Lebenserwartung und sind viel anfälliger für Krankheiten. Nicht unbeteiligt daran ist wohl der Dis-Stress, der durch die »Sehnsucht« und dauernde Suche nach einer erfüllten Partnerschaft entsteht und die »Singles« ständig im »Jagdfieber« hält.

2.2.11 Die Stressbremsen der Naturheilkunde

Die wunderbare Wirkung von Heilkräutern und Kräutertees

»Gegen jede Krankheit ist ein Kraut gewachsen«, schrieb sinngemäß vor mehr als 400 Jahren der große Arzt und Naturforscher Paracelsus. Nach dieser Erkenntnis heilten seit alters her viele Menschen mit Kräutern und beugten mit Heilpflanzen gegen Krankheiten und Beschwerden vor.

Im wissenschafts- und technikgläubigen 19. und 20. Jahrhundert wurde der Erfahrungsschatz von Generationen von Heilkundigen als Humbug und Aberglaube verworfen. Die Chemie gab vor, die Natur in allem übertreffen zu können und bessere Heilmittel als sie zu haben.

Die pharmazeutische Industrie gewann mit teuren Werbekampagnen das Vertrauen der schulmedizinisch und allzu technikgläubig ausgebildeten Ärzte. Die Kenntnis der Volksmedizin schwand damit immer mehr.

Erst seit wenigen Jahren beginnt man sich wieder mehr auf die lebens- und gesundheitsspendenden Kräfte natürlicher Heilmittel, besonders auch der Heilpflanzen, zu besinnen. Kein Wunder, denn die Schreckensmeldungen über die verheerenden Nebenwirkungen der so genannten chemischen »Heilmittel« lässt auch den abgestumpftesten Verbraucher allmählich erwachen. Selbst die offiziellen Stellen geben jetzt endlich zu, dass, auch wenn die chemischen Präparate keine sichtbaren Krankheiten oder gar Verstümmelungen und Todesfälle erzeugen, sich doch zumindest das Gift der eingesetzten Mittel im Körper des Menschen ansammelt, nur sehr zögernd wieder abgebaut wird und auf diese Weise zu unübersehbaren Spätschäden führen kann.

Die Beipackzettel der Medikamentenpackungen genügen, um hellhörig zu werden; was da unter »Gegenanzeigen« und »Nebenwirkungen« geschrieben steht, ist nicht selten beängstigend.

Sind schon bei der Behandlung vieler Infektionskrankheiten chemische Präparate nicht nur wenig nutzbringend und bedenklich, so müssen sie uns umso überflüssiger und gefährlicher bei den Krankheiten erscheinen, die in erster Linie durch psychische Belastung und falsche Lebensweise entstanden sind. Was soll all die Chemie gegen Anspannung, Erschöpfung, Schlaflosigkeit oder banale »Erkältungen« nutzen, wenn man weiterhin ungesund lebt, nichts gegen den Dis-Stress tut, der Körper und Seele schädigt und die Abwehrkraft schwächt, und damit nichts gegen die Ursachen dieser Krankheiten unternimmt? Es sind nur hochwirksame und doch völlig unschädliche Heilmittel und Heilmethoden aus der Naturheilkunde zu empfehlen, wie ich sie in all meinen Büchern immer wieder beschreibe.

So werde ich Ihnen auch in diesem Buch keine Mittel der pharmazeutischen Industrie empfehlen, und ich möchte Sie außerdem bitten, Ihren Arzt keinesfalls zur Verschreibung solcher Mittel zu drängen. Vielfach sind es nämlich tatsächlich die Patienten, die aus Unkenntnis auf solche Präparate bestehen und damit nicht nur die Kostenexplosion im Gesundheitswesen vorantreiben, sondern auch noch ihrer Gesundheit schaden. Vielerorts wird gerade der Arzt bevorzugt, der, ohne auf die Gesundheit seiner Patienten zu achten, viel und bedenkenlos zum Rezeptblock greift. Es sollte eher umgekehrt sein. Ein Arzt, der nicht gleich ein teures Mittel verordnet, sondern sich Zeit nimmt, mit dem Patienten über die Ursachen seiner Beschwerden spricht und ihm das Gefühl vermittelt, ihn und seine Leiden zu verstehen, ist allemal der bessere Arzt. Besonders, wenn er darüber hinaus noch Kenntnisse über die vielfältigen Heilkräfte der Natur besitzt.

Es gibt eine Reihe von Kräutern, die in der Lage sind, einen durch Stress aus dem Gleichgewicht geratenen Körper zu stützen. Darüber hinaus helfen manche Kräuter, die bereits eingetretenen Folgeschäden des Stresses zu beseitigen. Natürlich setzt die Heilung auch immer voraus, dass man bereit ist, die Lebensumstände, die den Stress herbeigeführt haben, zu ändern und sich auf sich selbst zu besinnen. Ein Kräutertee etwa, den man in Eile auf dem Weg schnell hinunterstürzt, die Gedanken schon bei den nächsten Geschäften, wird sicherlich nichts nützen.

Zu den Heilkräutern, die allgemein beruhigend und umstimmend auf den Körper wirken und dazu beitragen, dass er wieder mehr zur Ruhe und inneren Harmonie kommt, zählen beispielsweise Baldrian, Hopfen, Melisse und Kamille. Beruhigend wirken auch Lavendel, Anis, Fenchel, Schlüsselblume, Klatschmohn und Johanniskraut. Diese Pflanzen werden oft Beruhigungstees beigemischt.

Teemischungen gegen Stressfolgen

a) Man vermengt 2 Teile Hopfenzapfen, Melissenblätter und Kamillenblüten mit einem Teil Tausendgüldenkraut. Zwei Teelöffel dieser Mischung überbrüht man mit einer Tasse heißem Wasser. Dieser Tee hilft vor allem bei stressbedingten Magenschmerzen.
b) Man mischt zu gleichen Teilen Hopfenblüten und Baldrianwurzeln. Von dieser Mischung wird ein Teelöffel mit einer Tasse kaltem Wasser angesetzt und einige Stunden ziehen lassen. Vor dem Trinken erwärmt man den Tee und trinkt schluckweise.
c) Gleiche Teile Baldrianwurzel, Kamillenblüten, Fenchelsamen und Lavendelbüten mischen. Von der Mischung gibt man zwei Teelöffel auf eine Tasse kaltes Wasser und lässt sie einige Stunden ziehen. Zum Trinken erwärmen, aber nicht kochen.
d) Man vermengt 3 Teelöffel Schlüsselblumen, 2 Teelöffel Lavendelblüten, 1 Teelöffel Hopfenzapfen, 1 Teelöffel Johanniskraut und 1 Teelöffel Baldrian. Von dieser Mischung werden ein bis zwei Teelöffel mit einer Tasse heißem Wasser aufgegossen und einige Minuten ziehen lassen. Den Tee kann man mit Honig süßen. Vor dem

Schlafengehen lauwarm getrunken, stellt er einen ausgezeichneten Schlaftee dar, der allerdings nicht auf Dauer genossen werden sollte.

Die Spezial-Honigkur gegen Nervosität und Stress

Der Honig zählt zu den vielseitigsten Heilmitteln überhaupt. Er wirkt als Vorbeugungsmittel gegen Infektionskrankheiten und als Mittel gegen Wunden aller Art, da er viele antibakterielle Wirkstoffe enthält. Vor allem wirkt Honig in hohem Maße beruhigend, nervenstärkend und wegen seines hohen Vitamin- und Nährstoffgehalts gesundheitsfördernd für den ganzen Körper.

Aus diesem Grund ist der Honig auch bestens dazu geeignet, bei der Vorbeugung und der Behandlung von Stressfolgen eingesetzt zu werden. Ich würde Ihnen, wenn Sie sich müde und abgeschlafft fühlen, unbedingt zu einer »Honigkur« raten. Mit dieser Kur bekommen Sie wieder Kraft und darüber hinaus auch noch einen erhöhten Schutz gegen Infektionskrankheiten.

Bei der Honigkur trinken Sie zunächst täglich eine halbe Tasse Kräutertee jeweils eine Stunde vor dem Frühstück, dem Mittagessen und dem Abendessen. Diesem Tee fügen Sie eine sich ständig steigernde Menge Honig hinzu.

In der ersten Woche begnügen Sie sich mit einem halben Teelöffel, in der zweiten Woche nehmen Sie einen ganzen Teelöffel, in der dritten Woche anderthalb Teelöffel, in der vierten Woche zwei. Diese Menge behalten Sie nun vier Wochen lang bei, bis Sie dann wieder Woche für Woche die Honigmenge um einen halben Teelöffel reduzieren. Nach 10 Wochen ist die Honigkur zu Ende. Während der Kur sollten Sie Alkohol, Kaffee, Nikotin und andere Gifte möglichst meiden und den Fleischkonsum soweit wie möglich reduzieren.

Es ist zu beachten, dass Honig den Getränken erst beigegeben werden darf, wenn diese schon bis auf etwa 40° C abgekühlt sind. Bei höheren Temperaturen werden nämlich die Wirkstoffe des Honigs zerstört. Natürlich können Sie auch alle der oben angegebenen Kräutertees mit Honig süßen, was die Wirkung in der Regel verstärkt.

Autogenes Training

Das autogene Training ist eine seit langem erprobte Technik der konzentrativen Selbstentspannung. Sie ist relativ leicht zu erlernen und kann ohne Hilfsmittel nahezu überall dort durchgeführt werden, wohin man sich in Ruhe zurückziehen kann.

Viele Ärzte, Heilpraktiker und Psychologen führen Grundlehrgänge durch, selbst in Volkshochschulen oder anderen Einrichtungen der Erwachsenenbildung werden Kurse angeboten. Ich würde Ihnen auch davon abraten, diese Technik allein anhand von Bücher zu erlernen, deshalb gebe ich Ihnen auch keine Anweisungen mit. Denn ein falsches Erlernen, wie ohne Kontrolle durch einen Übungsleiter möglich, kann bei empfindlichen Personen zu unangenehmen körperlichen Nebenwirkungen führen.

Das autogene Training ist eine Art von Selbsthypnose, bei der man sich durch innere Befehle in einen entspannten Zustand versetzt und sich in diesem Zustand auf Teile des vegetativen Nervensystems konzentriert und deren Tätigkeit beeinflusst.

Ziel des autogenen Trainings ist es dann, durch konzentrative Selbstentspannung jederzeit aus dem Alltag heraus auf einen Zustand innerer Ruhe umschalten zu können. Wer diese Methode beherrscht, kann jederzeit abschalten, umschalten, ruhig sein und ruhig bleiben. Er kann sein aufgeregtes Herz beruhigen und Stresseinwirkungen abfangen. Er kann also das vegetative Nervensystem kontrollieren. Dadurch ist es dann auch möglich, ganz gezielt bestimmte Organe und Organsysteme zu beeinflussen, ihre Durchblutung zu fördern und das gestörte vegetative Gleichgewicht wieder zu harmonisieren.

Biofeedback

Eine kontrollierte Form des autogenen Trainings ist die Biofeedback-Methode. Sie bietet die Möglichkeit, den Grad der Entspannung des Körpers zu messen und auf diese Weise Entspannung kontrolliert zu trainieren. Dazu bedient man sich eines Biofeedback-Gerätes: Dem Patienten werden zuerst einmal Kopfhörer aufgesetzt, über die er nach Art des autogenen Trainings beruhigende Suggestionen zu hören bekommt. Dann werden ihm Elektroden an den Fingern angelegt, die die elektrische Leitfähigkeit der Haut messen. Diese ändert sich je nach dem Erregungszustand. Lässt die Spannung nach oder nimmt sie zu, gibt das Gerät enweder einen an- oder einen abschwellenden Ton von sich bzw. zeigt es den Messwert auf einer Anzeigeskala an. Auf diese Weise kann jeder genau kontrollieren, ob er sich aufregt oder entspannt, und so nach und nach Entspannung geradezu erlernen. Dadurch gelingt es schon bald, Nervosität und Unruhe in den Griff zu bekommen.

Yoga

In den letzten Jahren erfreut sich das aus dem östlichen Asien stammende Körpertraining »Yoga« in seinen verschiedensten Formen großer Beliebtheit. Vor allem bei den jüngeren Leuten, die für die Denkweisen ferner Kulturen offen sind, gilt Yoga als bewährtes Mittel zur Selbstfindung.

Yoga bedeutet etwa soviel wie Anpassung. Es ist das Bestreben, durch körperliche und geistige Konzentration einen höheren Bewusstseinszustand zu erlangen. Dafür werden gezielte Körperübungen und geistige Meditationsübungen durchgeführt. Bei uns im Westen haben sich vor allem die Körperübungen, auch Hatha-Yoga genannt, durchgesetzt.

Die Übungen können von Menschen fast jeden Alters erlernt werden. Auch wer sich für Sport schon zu alt fühlt und steif zu sein glaubt, wird erstaunt sein, wie schnell ihn regelmäßige Yoga-Übungen helfen, wieder beweglich zu werden. Wer mit Yoga beginnt, bestimmt selbst, wie viel er sich zumuten möchte. Yoga ist kein Leistungssport. Es geht dabei nicht um Geschwindigkeit und Ausdauer, sondern lediglich um eine Steigerung des körperlichen und geistigen Wohlbefindens.

Es gibt mittlerweile in allen größeren Orten Gelegenheit, Yoga zu lernen – sei es in Sportzentren, in Volkshochschulen oder anderen Einrichtungen.

Meditation

Bei den Meditationsübungen stellt der Mensch seine Aktivität weitgehend zurück und lässt sich dann auf eine intensive Betrachtung eines Gegenstandes oder auf einen Gedanken ein, wobei alles Ablenkende, die ganze Reizwelt, die uns umgibt, ausgeblendet wird. Ein meditierender Mensch gelangt nach einiger Übung in einen Zustand völliger innerer Ruhe. Statt sich von hektischer Betriebsamkeit anstecken zu lassen, hat er wieder Gelassenheit gelernt. Auf diese Weise gewinnt er Durchhaltefähigkeit auch in Stresssituationen und wird in seinem Inneren Kraftreserven entdecken, die ihm bislang unbekannt waren.

Meditation kann man durch spezielle Übungen erlernen, die von besonderen Meditationszentren oder auch in Klöstern angeboten werden. Mehr weltliche Formen der Meditation werden oft in den Erwachsenenbildungseinrichtungen gelehrt.

3. Teil:

Stressfolgen und ihre natürliche Behandlung

Habe ich Ihnen bislang vor allem vorbeugende und allgemein beruhigende Maßnahmen gegen Stress vorgestellt, so ist es jetzt an der Zeit, ein paar Hilfsmittel für die Fälle zu nennen, wo der Stress bereits zu körperlichen Beschwerden und Krankheiten geführt hat.

Jeder Abschnitt ist einem Krankheitsbild gewidmet und in zwei Teile gegliedert. Im ersten Teil führe ich die Maßnahmen auf, die Sie selbst zu Hause gegen Ihre Beschwerden durchführen können. Im zweiten Teil nenne ich Ihnen einige Heilmethoden, die dem Naturheilkundler in seiner Praxis zur Verfügung stehen. Da diese nicht allgemein bekannt sind, möchte ich sie Ihnen vorab vorstellen:

3.1 Grundzüge der Naturheilkunde und ihre wichtigsten Therapieformen

Gerade bei stressbedingten Leiden, die ja oft meist chronisch verlaufen, hat die Naturheilkunde viele Erfolge aufzuweisen. Im Unterschied zur herkömmlichen Medizin, auch Schulmedizin genannt, sieht der Naturheilkundler eine Krankheit nicht als eine selbstständige Störung eines bestimmten Organs an, sondern immer als eine Krankheit des ganzen Körpers. Darüber hinaus wird das Augenmerk auf den Zusammenhang von körperlichen Störungen und seelischem Geschehen gerichtet.

Wir Heilpraktiker und die Ärzte, die sich wie wir der Naturheilkunde und Ganzheitsmedizin verschrieben haben, meinen, dass man eine Krankheit nicht heilen kann, wenn man einfach nur ein Gegenmittel verschreibt, das lediglich auf eine Stelle des Körpers einwirkt. Das ist so, als ob man bei einem nicht mehr funktionierenden Auto nur ein einzelnes Teil reparieren wollte. Vielmehr sind wir Naturheilkundler bestrebt, uns die gesamte Krankheits- und Lebensgeschichte des Patienten anzuhören, um auf die tieferen und oft schon länger zurückliegenden Ursachen des Leidens zu stoßen. Dieses ausführliche *Anamnese-Gespräch* ist bereits der erste Teil der naturheilkundlichen Diagnose, die der Therapie vorausgeht.

Es folgen weitere Diagnosemethoden wie z.B. *Bioelektronische Funktionsdiagnose, Iris-Diagnose* oder *Kirlian-Fotografie-Diagnose.*

Gerade mit der *Kirlian-Fotografie-Diagnose* ist es oftmals möglich, versteckte Ursachen einer bestehenden Krankheit aufzudecken, die mit allen bisherigen klinischen oder naturheilkundlichen Diagnoseverfahren nicht gefunden werden konnten.

Wegen der Wichtigkeit dieser bewährten, aber trotzdem noch nicht sehr bekannten Diagnose-Methoden möchte ich Ihnen hier einige kurze Erklärungen dazu geben.

Die Kirlian-Fotografie-Diagnose

Die *Kirlian-Fotografie* wurde in den 30er-Jahren von dem russischen Ehepaar Semjon und Valentina Kirlian entwickelt. Es gelang ihnen, die energetische Abstrahlung oder auch »Aura« eines lebenden Objektes im elektrischen Hochfrequenzfeld sichtbar zu machen. Diese Methode wurde inzwischen verfeinert und zur Diagnose- und Therapie-Kontrolle eingesetzt. Dazu werden die Finger- und Zehenspitzen des Patienten im Hochfrequenzfeld fotografiert. Auf dem Fotopapier zeigt sich danach die energetische Abstrahlung der »Aura«, die die Finger- und Zehenkuppen des Patienten umgibt. Anhand der optisch festgehaltenen energetischen Abstrahlung kann der Therapeut nun Rückschlüsse auf Krankheitszustände und deren Ursachen beim Patienten ziehen. Die Erfahrung hat nämlich gezeigt, dass die individuelle Abstrahlung alle guten und schlechten Informationen enthält, die für das Leben und die Gesundheit des Patienten wichtig sind. Jede Störung im körperlichen Geschehen wird in diesem fotografisch dokumentierten Abstrahlungsbild des Patienten sichtbar. Dadurch ist es möglich, bestehende Erkrankungen und deren Ursachen zu entdecken. Außerdem werden dabei auch Störungen sichtbar, die dem Patienten noch gar nicht als direkte Beschwerden bewusst geworden sind. Somit hat diese Methode auch eine wichtige vorbeugende Eigenschaft.

Da sich jede Veränderung im Organismus auch durch eine Veränderung der energetischen Abstrahlung sichtbar macht, kann selbstverständlich nach einer Behandlung im nächsten Kirlian-Foto festgestellt werden, ob diese Behandlung erfolgreich war oder nicht – das heißt, ob sich das Bild zum Guten oder Schlechten bzw. gar nicht verändert hat. Gerade bei den vielen stressbedingten Erkrankungen von Geist und Körper ist die Kirlian-Fotografie-Diagnose daher von unschätzbarem Wert.

Iris-Diagnose

Zu den wohl bekanntesten Untersuchungsmethoden der Naturheilkunde zählt wohl die Iris- oder Augendiagnose. Hier erkennt der Therapeut anhand von Farbveränderungen oder bestimmten Zeichen in der Regenbogenhaut des menschlichen Auges nicht nur konzeptionelle Störungen seiner Patienten, sondern auch zurzeit bestehende Krankheiten. Auf diesem Weg kann er Rückschlüsse auf deren Ursachen ziehen.

Bioelektronische Funktionsdiagnose (BFD)

Als Grundlage dieser Diagnoseform gilt die Akupunkturlehre der alten Chinesen. Bei diesem Untersuchungsverfahren wird nämlich die Hautspannung an den verschiedenen Akupunkturpunkten der Finger- und Zehenspitzen gemessen. Jede Abweichung vom Normalwert, also von der normalen Hautspannung, gibt dabei Hinweise auf mögliche Krankheitszustände beim Patienten. Auch allgemeine nervliche Überreizungen, wie sie ja bei stressgeplagten Menschen sehr häufig vorkommen, lassen sich auf diesem Wege an bestimmten Punkten ermitteln. Ziel der Behandlung muss sein, die gestörte Spannung wieder ins Gleichgewicht, also auf einen Normalwert zu bringen.

HLB-Bradford-Bluttest

Hierbei handelt es sich um einen im amerikanischen Bradford-Research-Institut entwickelten Bluttest, der sich nicht wie normale klinische Laboruntersuchungen um einzelne Organwerte, also z.B. Leber- oder Nierenwerte kümmert, sondern die allgemeine Stoffwechsel-Belastung des Körpers feststellt. Der HLB-Test zeigt, wie viel Stoffwechselschlacken sich im Blut befinden, wo sie herkommen und wie sie am besten zu beseitigen sind. Dabei macht er auch einen Unterschied zwischen Stoffwechselbelastungen, die auf Grund organischer Fehlfunktionen entstanden sind, und Stoffwechselbelastungen, die durch vegetative Fehlfunktionen, also z.B. auch durch Dauerstress verursacht worden sind. Er ist damit also auch ein hervorragendes Stressbarometer. Außerdem können mit ihm sehr früh ernsthafte Störungen wie z.B. die Gefahr von rheumatischen Veränderungen, von Allergien, Raucher-Belastungssymptomen, psychischem Stress, Entzündungen, Störungen der Drüsen oder Vitamin-C-Mangel entdeckt werden. Soweit hat er eindeutig auch einen vorbeugenden Effekt, denn normalerweise zeigen sich Stoffwechselveränderungen schon lange bevor die eigentliche Krankheit entstanden ist und beim Patienten Beschwerden auftreten. Durch eine rechtzeitig eingeleitete Therapie kann dann verhindert werden, dass es überhaupt zur Krankheit kommt.

Dies sind nur einige naturheilkundliche Untersuchungsmethoden von vielen. Alle zusammen erst geben dem Behandler dann ein umfassendes Bild vom Zustand seines Patienten und von den möglichen Ursachen der bestehenden Beschwerden. Erst wenn dies alles in mühseliger Detektivarbeit herausgefunden wurde, beginnt die eigentliche Behandlung, deren wichtigste Methoden ich Ihnen hier kurz vorstellen möchte, sofern sie zur Therapie stressbedingter Leiden von Nutzen sind.

Akupunktur

Die Akupunktur ist eine uralte Heilmethode, die vor mehr als 4000 Jahren in China entwickelt wurde und erst in den letzten Jahren bei uns Beachtung gefunden und große Erfolge gefeiert hat.

Um das Prinzip der Akupunktur ein wenig verstehen zu können, müssen wir uns kurz auf die Denkweise der alten Chinesen einlassen. Diese stellten sich vor, dass der menschliche Körper mit zwei unterschiedlichen Energiefeldern besetzt ist, einem weiblich passiven, Yin genannt, und einem männlich aktiven, Yang genannt. Diese beiden Felder sind jeweils verschiedenen Organen des Körpers zugeordnet, wobei jedes Organ von einer Energiebahn durchzogen wird, die man Meridian nennt. In einem gesunden Körper sind Yin und Yang gleichmäßig auf diese Bahnen verteilt. Ist das Gleichmaß aber gestört, kommt es zu Krankheiten. Die Heilung bedeutet also eine Wiederherstellung des gestörten Gleichgewichts.

Bei der Therapie werden durch feine Nadelstiche in die Haut Reize auf verschiedene Hautpunkte, die Akupunkturpunkte, ausgeübt. Auf diese Weise kann überschüssige Energie abfließen oder mangelnde Energie aufgebaut werden, womit das Gleichgewicht wieder hergestellt wird. In der Praxis verwendet der Therapeut dünne Stahlnadeln, die fast schmerzlos in die betreffenden Hautpunkte gestochen werden und dort je nach Beschwerden einige Sekunden, Minuten oder auch Stunden stecken bleiben.

Mit der Akupunktur lassen sich viele verschiedene Schmerz- und Spannungszustände des Körpers beseitigen.

Farbpunktur

Eine Variante der Akupunktur ist die Farbpunktur – eine Kombination aus Farbtherapie und Akupunktur. Dabei werden bestimmte Akupunkturpunkte nicht mit Nadeln, sondern mit kaltem, farbigem Licht behandelt. Die Reizung des Punktes erfolgt also durch die energetische Schwingung der Farbe. Dadurch kann dann auf eine sehr einfache, schmerzlose und doch hochwirksame Weise der Energiefluss des Menschen positiv beeinflusst werden, denn die energetische Schwingung der Farbe – und Licht ist nichts anderes als schwingende Energie – dringt über den Akupunkturpunkt direkt in den Energieverlauf des Meridians ein und erreicht so eine gesundheitsfördernde Beeinflussung des körpereigenen Energieflusses des Patienten. Wegen der hohen Wirksamkeit und der absoluten Schmerzlosigkeit hat sich diese Therapie vor allem bei Kindern, aber auch bei empfindlichen Gemütern hervorragend bewährt.

Neuraltherapie

Im Anamnesegespräch ist der Behandler vielleicht auf Krankheiten gestoßen, die der Patient längst durchgestanden hat. Da aber viele Krankheiten unter Stress und dem Zwang, wieder zur Arbeit gehen zu müssen, nicht richtig ausgeheilt werden, bleiben oft Krankheitsgifte zurück, die später so genannte Störfelder bilden und neue Krankheiten verursachen.

Auch Operationsnarben oder schlecht behandelte Zähne sowie Zahnfüllungen können zu Störfeldern werden. Sie sorgen dafür, dass die biologische Energie im Körper nicht mehr frei fließen kann, sondern blockiert wird. Hat der Naturmediziner nun in Detektivarbeit ein solches Störfeld gefunden, das die aktuelle Krankheit auslösen kann, spritzt er dorthin das Mittel *Procain,* das die Eigenschaft hat, blockierte »Leitungen« im Körper wieder in Gang zu setzen. Oft geschieht dies schon nach einer Injektion, oft sind aber auch mehrere Spritzen nötig, bis eine Heilung erfolgt. Die Neuraltherapie kann aber nicht nur Störfelder beseitigen, sondern auch direkt Einfluss auf das vegetative Nervensystem nehmen.

Neuraltherapeutische Injektionen in die Magengrube mit Procain oder auch homöopathischen Mitteln wirken überaus beruhigend auf den gesamten Organismus und beseitigen Magenbeschwerden, insbesondere wenn sie nervösen Ursprungs sind.

Injektionen in die beiden Schilddrüsenlappen am Hals regulieren die Funktion der Schilddrüse, lindern Überfunktion und wirken damit ebenfalls ausgleichend auf das Nervensystem und den gesamten Stoffwechsel.

Injektionen im Bereich des Nackens und des Kopfes – die wider Erwarten nahezu schmerzfrei sind – helfen bei Verspannungskopfschmerz, Gesichtsschmerzen und Steifheit der Muskulatur. Werden die Injektionen im Bereich des Brustmuskels gesetzt, lindern sie vegetativ bedingte Herzschmerzen, gibt man sie unterhalb des rechten Rippenbogens, beseitigen sie Gallenbeschwerden, und platziert man sie im Bereich des Schambeines unter die Haut, beseitigen sie Menstruationsbeschwerden und krampfartige Unterleibsschmerzen. All dies gilt insbesondere dann, wenn die vorhandenen Beschwerden stressbedingt, also durch eine Überbelastung des Nervensystems entstanden sind.

Die Anwendungsliste ließe sich beliebig fortsetzen, denn als reine Neuraltherapie mit Procain-Injektionen oder auch als kombinierte Behandlung mit Injektionen und homöopathischen Arzneimitteln lässt sich diese Naturheilmethode bei einer Vielzahl von Beschwerden einsetzen, die durch geistige oder körperliche Überbeanspruchung entstanden sind.

Ozon-Therapie

Gerade zur Vorbeugung gegen Stressschäden und natürlich auch bei der Behandlung von stressbedingten Krankheiten hat sich die Ozon-Therapie hervorragend bewährt.

Bei Ozon handelt es sich um die oxydierte Form des Sauerstoffs (O_3), der aus normalem Sauerstoff durch Einwirkung von großer Hitze oder elektrischer Aufladung entsteht. Aber er ist wesentlich wirksamer als dieser. Durch die Oxydation ist Ozon nämlich außerordentlich aggressiv geworden und stellt so in hoher Konzentration durchaus auch einen hochgiftigen Wirkstoff für unsere Atemwege dar. Wir dürfen Ozon also keinesfalls einatmen.

Andererseits ist aber diese Aggressivität gerade der Vorteil dieses stark wirksamen Gases, denn es tötet z. B. Viren, Bakterien und auch Pilze ab. Aus diesem Grund wird Ozon zur Desinfektion von Blutkonserven – und dabei zum Abtöten von Hepatitiserregern – verwendet. Aber auch Hautpilze werden durch Ozon abgetötet, wenn sie damit in Berührung kommen.

Als Injektion oder Infusion verabreicht, wirkt Ozon jedoch nicht mehr giftig, sondern reichert unser Blut, die Organe und sämtliche Körperzellen mit lebensnotwendigem Sauerstoff an.

Schon wenige Behandlungen reichen, um einen stressgeplagten, müden und durch Sauerstoffmangel geschwächten Menschen wieder in einen mit neuer Energie aufgeladenen, vitalen, konzentrierten und leistungsfähigen Managertyp zu verwandeln.

Selbst schwere Leber- und Herzschädigungen, wie z. B. Hepatitis oder Angina pectoris, können durch diese Therapie nachhaltig beseitigt werden. Natürlich bessert die »große

Blutwäsche« auch jede Form von Durchblutungsstörungen, egal, ob es sich um Durchblutungsstörungen des Kopfes oder der Beine handelt. Raucherbeine können daher auf diese Weise ebenso gut behandelt werden wie Konzentrationsstörungen oder Gedächtnisschwäche. Näheres darüber finden Sie in meinem Buch »Naturheilmittel gegen Durchblutungsstörungen« (ProVital Versand).

Natürlich wird ein gewissenhafter Behandler in solchen schweren Fällen nicht nur die »große Blutwäsche« einsetzen, sondern diese Therapie noch durch weitere Maßnahmen ergänzen. Zunächst bieten sich natürlich biologische Medikamente dafür an.

Ginkgo – zur Anregung der Durchblutung

Als eines der wirksamsten pflanzlichen Heilmittel gegen Durchblutungsstörungen, insbesondere arterielle Durchblutungsstörungen, gelten die Extrakte aus Blättern des Ginkgobaumes. Die Wirkstoffe dieser Blätter regen nicht nur den Energiestoffwechsel und die Zellatmung des Gehirns an, sondern tragen auch ganz wesentlich dazu bei, die Sauerstoffversorgung zu verbessern. Das aber ist nicht nur die Voraussetzung für eine bessere Konzentrationsfähigkeit und geistige Leistungskraft, sondern auch für eine gesteigerte Blut- und Sauerstoffversorgung des Herzens. Darüber hinaus wird der gesamte arterielle Blutstrom gefördert, was z.B. bei der so genannten Schaufensterkrankheit oder auch beim Raucherbein, also ganz allgemein bei Durchblutungsstörungen der Beine und Füße, zu einer baldigen Linderung und Besserung der Beschwerden beitragen kann. Doch damit nicht genug. Auch andere Missempfindungen, die auf Durchblutungsstörungen beruhen – etwa Kopfschmerzen, schnelles Ermüden, depressive Verstimmungen, Schwindel und Ohrengeräusche – können sich durch regelmäßige Einnahme eines Ginkgoextraktes deutlich bessern.

Wichtig ist, ein Ginkgo-Präparat zu wählen, das einen gesicherten Qualitätsstandard aufweist. Meinen Patienten empfehle ich deshalb das in Apotheken erhältliche *Gingium®*, das es sowohl als Tabletten denn auch als Lösung zum Einnehmen gibt. Die Wirksamkeit und Verträglichkeit des darin enthaltenen Ginkgo-biloba-Extraktes ist mittlerweile umfangreich dokumentiert worden.

Der Vorteil der *Gingium®-Lösung* gegenüber anderen auf dem Markt erhältlichen Präparaten ist unter anderem, dass sie keinen Alkohol enthält. Somit ist die *Lösung* auch für Patienten geeignet, die keinen Alkohol zu sich nehmen dürfen oder wollen und auch nicht gerne Tabletten schlucken.

Proteolytische Enzyme

Wenn Sie unter Durchblutungsstörungen leiden, müssen Sie auch immer darauf achten, dass Ihr Blut nicht zu dick wird. Deshalb sollten Sie wenigstens 2½ bis 3 Liter Flüssigkeit, am besten Wasser oder Kräutertees, zu sich nehmen. Zusätzlich empfiehlt sich allerdings auch die Einnahme von proteolytischen Enzymen, über die ich ja bereits berichtet habe. Diese Enzyme sind in der Lage, das Blut zu verdünnen und kleine Blutgerinnsel aufzulösen. Außerdem verhindern sie, dass sich an den Blutgefäßen Ablagerungen, so genannte Plaques, bilden, und bekämpfen vorhandene Entzündungen, sowohl in den Blutgefäßen selbst wie auch in der Muskulatur, den Schleimhäuten und den Gelenken.

Sauerstoff-Mehrschritt-Therapie (SMT)

Sauerstoff ist Leben! Diese Erkenntnis kann heute kein Mensch bestreiten, denn ohne Sauerstoff ist unser Lebenslicht schon nach wenigen Minuten ausgelöscht. Zwischen einer ausreichenden Sauerstoffversorgung und einem todbringenden Sauerstoffmangel aber gibt es viele Zwischenstufen. Das erkannte auch der bekannte Wissenschaftler Professor Dr. h.c. Manfred von Ardenne. Bei seinen Forschungen stellte er zusammen mit befreundeten Ärzten nämlich fest, dass die Lunge eines Menschen mit zunehmendem Alter immer weniger Sauerstoff aufnehmen und an den Körper abgeben kann. Seine Untersuchungen ergaben dann, dass Geist und Körper umso schneller altern und gegen Krankheiten anfällig werden, je weniger Sauerstoff der Organismus erhält. Andersherum gesehen heißt das aber auch, dass die Krankheitsanfälligkeit und der Alterungsprozess des Organismus wesentlich verringert werden können, wenn es gelingt, auch einem 70-Jährigen die Sauerstoffmenge zuzufügen, die er als 30-Jähriger von selbst aufnehmen konnte. Einem kranken oder alten Menschen brauchte also nur vermehrt reiner Sauerstoff über die Lunge zugeführt zu werden, und schon konnte sich jede Zelle des Körpers dieses Patienten mit neuem Sauerstoff aufladen. Angespornt von diesem Gedanken entwickelte Prof. von Ardenne schon bald darauf die »Sauerstoff-Mehrschritt-Therapie«. In den vergangenen 30 Jahren konnte die phantastische Wirkung der Sauerstoff-Mehrschritt-Therapie – kurz SMT genannt – mittlerweile vieltausendfach belegt werden. Prof. von Ardenne war das beste Beispiel für die Wirksamkeit dieser Behandlung. Bei meiner Ausbildung in seinem Dresdener Institut konnte ich mich persönlich davon überzeugen, wie fit dieser seinerzeit schon weit über 80 Jahre zählende Mann noch immer war. »Mein Geheimnis ist, dass ich fast jeden Tag die von mir entwickelte Sauerstoff-Mehrschritt-Therapie bei mir selbst einsetze«, verriet er mir. »Mit dieser Therapie ist es tatsächlich möglich, bei einem 80-Jährigen wieder den Sauerstoffdruck eines 50-jährigen Menschen zu erreichen. Entsprechend dem steigenden Sauerstoffdruck bessert sich auch die Leistungsfähigkeit des Gehirns und natürlich des ganzen Körpers.« Die SMT ist somit eine Behandlung für jedermann, und möglichst auch jeder Mensch über 40 Jahre sollte sie wenigstens einmal im Jahr als Kur durchführen lassen. Ihr großer Vorteil ist, dass sie praktisch keine Nebenwirkungen hat, dass sie einfach durchzuführen ist und sowohl zur Behandlung bestehender Krankheiten als auch zur Erhaltung der Gesundheit – also zu Vorbeugung – bestens geeignet ist. Diese Wirkung sollten vor allen Dingen die Menschen nutzen, die unter einer dauerhaften Stressbelastung leiden. Denn Stress ist einer der größten »Sauerstoffräuber« und führt nicht zuletzt durch eine Verringerung des Sauerstoffangebots im Körper zu vielen Krankheiten.

Das muss nicht sein, denn die Sauerstoff-Mehrschritt-Therapie ist für jeden problemlos durchzuführen. Zuerst wird dem Patienten ein Cocktail aus wichtigen Vitaminen und Mineralien verabreicht, der es den Körperzellen ermöglicht, wesentlich mehr Sauerstoff aufzunehmen als sonst. Dadurch werden die Ausnutzung des eingeatmeten Sauerstoffs verbessert, die Blutgefäße erweitert und die Nährstoffversorgung des Körpers gesteigert. Der zweite Schritt der SMT ist die eigentliche Inhalation medizinisch reinen Sauerstoffs.

Der dritte Schritt der SMT erfordert dann etwas Eigeninitiative vom Patienten, denn er besteht aus dem, was Ardenne als »kraftvolle Lebensweise« bezeichnet: sportliche Bewegung möglichst an der frischen Luft, damit Stresshormone abgebaut werden und durch die vertiefte Atmung auch auf »normalem« Weg vermehrt Sauerstoff in den Körper gelangt. Außerdem sorgt die Bewegung dafür, dass das mit Sauerstoff angereicherte Blut vom nun schneller schlagenden Herzen überallhin gepumpt werden kann und so auch die entferntesten Körperzellen erreicht.

Mit dieser Behandlung können alle Arten von Durchblutungsstörungen des Herzens, des Gehirns, der Leber, der Arme, der Beine, der Augen, Ohren und alle anderen Körperorgane deutlich verbessert werden.

Die langjährigen Forschungsarbeiten, die das Institut von Prof. von Ardenne in Zusammenarbeit mit zahlreichen frei praktizierenden Ärzten, Kliniken und Sanatorien durchgeführt hat, haben aber auch deutlich ergeben, dass die Sauerstoff-Mehrschritt-Therapie ebenfalls sehr wirksam ist bei allen Arten von körperlicher Abwehrschwäche, von Infektanfälligkeit, chronischen Entzündungen, Altersleiden, Erschöpfungszuständen, »Managerkrankheit« und allen anderen Folgen übergroßen Stresses.

Durch Messungen der Sauerstoffkonzentration im arteriellen und venösen Blut konnte Prof. von Ardenne in seinem Institut feststellen, dass immer nach lang andauerndem oder besonders intensivem Stress die Sauerstoffkonzentration des Blutes ganz wesentlich nachgelassen hatte. Bei Stress braucht der Körper also wesentlich mehr Sauerstoff als sonst, und da Stress darüber hinaus auch die körpereigene Abwehrkraft schwächt, entsteht eine ungeheure Belastung für den Organismus, was die Anfälligkeit für Krankheiten deutlich erhöht. In solchen Fällen ist also die Sauerstoff-Mehrschritt-Therapie das Nonplusultra der Behandlung. Mit ihr kann das Defizit an Sauerstoff sehr schnell wieder behoben werden.

Gerade da wir uns heute immer weniger bewegen und immer mehr unter Stress leiden, wird die Sauerstoff-Mehrschritt-Therapie stetig an Bedeutung gewinnen. Kein Wunder also, dass gerade Prominente aus Wirtschaft, Film, Funk und Fernsehen es zu schätzen wissen, dass mit der Sauerstoff-Mehrschritt-Therapie zum einen stressbedingte Krankheiten nachhaltig beseitigt werden können und zum anderen gegen Stressschäden wirksam vorgebeugt werden kann, weil der Organismus mehr Leistungsfähigkeit erhält und so jede Art von Stress besser verarbeiten kann. Allerdings sollten Sie die Sauerstoff-Mehrschritt-Therapie nur von einem darin erfahrenen Heilpraktiker oder Arzt durchführen lassen, der in dieser Behandlungsmethode möglichst persönlich von Prof. von Ardenne unterrichtet wurde. Nur so haben Sie die Gewissheit, optimal behandelt zu werden.

Die Forschungen von Prof. von Ardenne gingen allerdings noch weiter. Er wollte nämlich auch erreichen, dass außerdem das körpereigene Abwehrsystem ganz gezielt unterstützt wird. So entstand schon bald die »Sauerstoff-Immun-Stimulation«, zu der neben der Sauerstoff-Mehrschritt-Therapie auch der Einsatz von Thymus-Extrakt und gegebenenfalls auch anderen Organextrakten gehört.

Thymus- und andere Organ-Extrakte

Injektionen mit Thymus-Frisch-Extrakt sind eine ideale Ergänzung zur »Sauerstoff-Mehrschritt-Therapie«. Während nämlich der Sauerstoff dafür sorgt, dass alle Organe unseres Körpers ausreichend mit »Brennstoff« beliefert werden und die Regeneration unserer Körperzellen gewährleistet wird, sorgt der Thymus-Frisch-Extrakt dafür, dass in der Thymusdrüse wieder ausreichend »T-Lymphozyten« (Thymus-Lymphozyten) gebildet werden, die als die wichtigsten Abwehrsoldaten unseres Körpers gelten. Vollgetankt mit dem Brennstoff Sauerstoff können Sie sich in die Schlacht werfen und alle Eindringlinge wie Bakterien, Viren und dergleichen angreifen und vernichten. Gerade wenn in starken Stresssituationen die körpereigene Abwehrkraft permanent geschwächt wird, liefert die Behandlung mit Thymus-Frisch-Extrakt-Injektionen dem Körper die Hilfe, die er braucht, um sich vor Krankheiten zu schützen. Doch die Thymus-Injektionen dienen nicht nur zur Stärkung des Immunsystems, sondern auch zur Erhaltung der Lebenskraft. Nachweisbar wird durch regelmäßige Injektionen mit Thymus-Frisch-Extrakt der Alterungsprozess verlangsamt und die Lebensqualität verbessert.

Bei einer Kombinationstherapie aus Sauerstoff-Mehrschritt-Therapie und Thymus-Frisch-Extrakt ist die Wirkung oftmals so stark, dass selbst chronische Entzündungen ausgeheilt werden können, ebenso wie Stoffwechselerkrankungen oder eine allgemeine Infektanfälligkeit. Sogar bei so schweren Erkrankungen wie Rheuma oder Krebs hat sich diese

Kombinationstherapie immer wieder hervorragend bewährt. Doch das ist nicht alles, denn es können damit auch Krankheiten behandelt werden, die nicht direkt mit der körpereigenen Abwehrkraft zu tun haben. Besonders erfolgreich ist die Behandlung z.B. bei Herz-Kreislauferkrankungen, bei Durchblutungsstörungen der Gefäße und des Herzens, Herzmuskelschwäche, aber auch bei Abnutzungserscheinungen der Wirbelsäule, der Gelenke usw. Natürlich ist es immer wichtig, mit der Therapie so früh wie möglich zu beginnen, denn dann ist sie umso wirkungsvoller. Achten Sie deshalb immer darauf, ob Sie eine gewisse Anfälligkeit gegen Infekte oder andere Krankheiten haben oder »vorzeitig altern«, also die Leistungsfähigkeit nachlässt. Dies gilt umso mehr, wenn Sie dauerhaftem Dis-Stress ausgesetzt sind und sich so Ihr Krankheitsrisiko deutlich vergrößert. Die Sauerstoff-Immun-Stimulation kann weitere Schäden verhindern, vorhandene Beschwerden schnell wieder beseitigen und Ihre Leistungsfähigkeit und Ihr Wohlbefinden zurückbringen.

Ebenso wie Sauerstoff ist nämlich auch Thymus-Extrakt ein wahrer »Jungbrunnen« für den Körper. Dafür sorgt das in der Thymusdrüse gebildete Thymushormon Thymusin. Da die Thymusdrüse beim heranwachsenden Menschen aber stetig kleiner wird, werden auch immer weniger Wirkstoffe von dieser Drüse gebildet. Das Altern des Menschen ist damit programmiert – aber auch das Nachlassen der körpereigenen Abwehrkraft. Wird Thymus-Frisch-Extrakt nun einem Patienten injiziert, ist es möglich, das »Schrumpfen« der Thymusdrüse nicht nur zu verlangsamen, sondern auch die bereits kleiner gewordene Thymusdrüse wieder zu verstärkter Tätigkeit anzuregen. Sie bildet dann wieder vermehrt abwehrsteigernde T-Lymphozyten und Thymusin, wodurch der Alterungsprozess verlangsamt und die Abwehrkraft gesteigert wird.

Thymus-Präparate gibt es in den unterschiedlichsten Varianten in der Apotheke zu kaufen. Am wirksamsten sind *Thymus Mucos-Dragees,* aber natürlich kann alles, was eingenommen wird, nur dann richtig wirken, wenn der Darm die gelösten Wirkstoffe auch ans Blut abgibt. Bei einer gestörten Darmflora oder bei anderen Darmerkrankungen ist dieser Prozess nicht gewährleistet. Es ist deshalb sicherer, die Thymus-Behandlung mit Thymus-Spritzen durchzuführen.

Auch für diese werden in Apotheken Thymus-Ampullen verschiedener Hersteller angeboten. Es hat sich aber gezeigt, dass diese Thymus-Extrakte niemals die gleiche Wirkung bringen können wie der Thymus-Gesamtextrakt, der aus frischem embryonalem Kalbsthymus hergestellt wird. Nur dieser nach einem speziellen Verfahren hergestellte frische Thymus-Vollextrakt entspricht nämlich dem Thymus-Frisch-Extrakt *Thymus-THX,* den der »Vater« der Thymus-Therapie, der schwedische Forscher Dr. Eli Sandberg, schon vor 30 Jahren entwickelte und der Wissenschaft vorstellte. Selbstverständlich enthält ein solcher Extrakt keinerlei Konservierungs- oder andere Zusatzstoffe, sondern wird durch Tiefkühlung haltbar gemacht. Das ist auch der Grund, warum die Industrie einen solchen Extrakt nicht herstellen kann, sodass die einzelnen Behandler ihre Präparate selbst gewinnen müssen. Da dafür ein speziell ausgerüstetes und damit auch sehr teures Labor notwendig ist, haben sich vor einiger Zeit eine Reihe von Therapeuten – Ärzte und Heilpraktiker – in einer Gesellschaft zusammengeschlossen und ein Gemeinschaftslabor angemietet, das eines der modernsten Europas ist und sich seit über 20 Jahren auf die Herstellung von Organextrakten spezialisiert hat. Hier können nun die Mitglieder dieser Gesellschaft ihren eigenen Thymus-Frisch-Extrakt herstellen und an ihre Patienten weitergeben.

Mittlerweile werden in unserem Gemeinschaftslabor aber auch andere Organextrakte hergestellt, so z.B. Herz, Leber, Nieren, Milz, Plazenta, Testes (Hoden), Ovar (Eierstock), Pankreas (Bauchspeicheldrüse), Magen und Lunge, sodass die betreffenden Organe ganz gezielt mit diesen Extrakten in ihrer Funktionsfähigkeit unterstützt und regeneriert werden können. Gerade für stressgeplagte Menschen ist dies besonders wichtig, da mit Thymus und anderen Organpräparaten nun eine gezielte Vitalisierung des gesamten Körpers erreicht werden kann. Der Mensch kann Stress so deutlich besser vertragen und wird vor den gefährlichen Stressfolgen – wie z. B. Herzinfarkt oder Schlaganfall – wesentlich besser geschützt. Damit ist es möglich, dem ersehnten Ziel näher zu kommen, dem Leben mehr Jahre und den Jahren mehr Leben zu geben.

Natürlich werden Sie sich fragen, ob die Behandlung mit Organ-Extrakten in Zeiten von BSE nicht zu gefährlich ist. Keineswegs. Alle von unserer Gesellschaft in dem Speziallabor hergestellten Organ-Frisch-Extrakte werden nämlich unter behördlicher Aufsicht und nach strengen amtlichen Vorschriften gewonnen. Die Kontrollen sind dabei sogar noch strenger als bei anderen Arzneimitteln. So wird jede Produktion von unabhängigen Kontrollinstituten genauestens untersucht und erst dann von offizieller Stelle für die Behandlung damit freigegeben, wenn absolute Sterilität und Unbedenklichkeit des Präparates gewährleistet sind. Das gilt selbstverständlich und ganz besonders auch für die gefürchteten BSE-Erreger. Nicht nur die strengen staatlichen Kontrollen, sondern auch die isolierte Aufzucht der Kälber – die ausschließlich Muttermilch erhalten und kein Zusatzfutter bekommen –, garantieren, dass die verwendeten Organprodukte von irgendwelchen Krankheitserregern absolut frei sind.

Damit die gewonnenen Organ-Frisch-Extrakte langfristig haltbar sind, werden sie – in kleinen Fläschchen fertig portioniert – direkt nach der Herstellung in Flüssig-Stickstoff bei minus 160° Celsius schockgefroren. So kann auf weitere Konservierungsmittel verzichtet werden. Die schonende Schockgefrierung sorgt außerdem dafür, dass das Präparat nichts von seiner Wirkung verliert. Nach dem Schockgefrieren werden die Präparate nämlich in Spezialkühlschränken bei minus 80° Celsius aufbewahrt, gelangen so auch in die Praxen der Therapeuten und werden erst kurz vor der Behandlung durch schnelles Auftauen aus dem »Kälteschlaf«

geholt und sofort injiziert. Die ausgezeichnete Verträglichkeit dieser Präparate ermöglicht es, die Behandlung sogar ambulant durchzuführen. Erfreulich ist, dass die Wirkung sehr lange anhält, sodass die Therapie in der Regel nur einmal im Jahr gemacht werden muss. Dies gilt insbesondere dann, wenn die Injektionen mit Organ-Extrakten, insbesondere natürlich mit Thymus-Extrakt, in Kombination mit der Sauerstoff-Mehrschritt-Therapie als Sauerstoff-Immunstimulation durchgeführt wird.

Tiefenüberwärmung mit wassergefiltertem Infrarot-A-Licht (wIRA)

Wie angenehm Wärmeanwendungen sind, haben Sie sicher schon am eigenen Leibe erfahren. Wärmeanwendungen verbessern nicht nur die Durchblutung und entkrampfen die Muskulatur, sondern beruhigen auch das vegetative Nervensystem und helfen so, Stress abzubauen. Über den Segen von warmen Vollbädern oder ansteigenden Kreislauf-Fußbädern nach Schiele habe ich bereits auf Seite 112 geschrieben. Doch es gibt Wärmeanwendungen, die noch tiefer gehen und direkt bei unterschiedlichsten Krankheiten gezielt eingesetzt werden können. Gemeint ist die Hyperthermie (Überwärmungstherapie) mit wassergefilterten Infrarot-A-Strahlen (wIRA). Das Besondere daran ist, dass die Wirkung dieser Behandlung zwar auf einer enormen Überwärmung des bestrahlten Gewebes beruht, diese Überwärmung jedoch nicht nur oberflächlich auf der Haut erfolgt – wie z.B. bei herkömmlichen »Rotlicht-Lampen« –, sondern auch in den tieferen Gewebsschichten. Mit diesem »künstlichen Fieber« im Gewebe wird dann nicht nur eine deutliche Anregung der Durchblutung erreicht, sondern es werden vor allen Dingen auch die Widerstandskräfte angekurbelt, der Stoffwechsel mobilisiert und Schlacken schneller abgebaut. Wie wohltuend die Wärmeanwendung ist, weiß man natürlich schon lange. Schon Paracelsus, der berühmte Arzt des Mittelalters, sagte: »Gebt mir künstliches Fieber, und es gibt keine Krankheiten mehr.«

Das Problem war jedoch immer, dass dieses »künstliche Fieber« nicht ohne schädliche Begleiterscheinungen entwickelt werden konnte. So führten die Wärmeanwendungen oftmals zu einer Verbrennung der Haut. Erst vor einigen Jahren gelang es einem österreichischen Ärzteteam, die »Intrathermie« zu entwickeln, mit der es nun möglich war, eine spezielle Infrarot-A-Tiefenbestrahlung, also eine örtliche Überwärmung der behandelten Körperteile bis auf 43° Celsius zu erreichen – und das, ohne die Haut oder den Kreislauf des Patienten zu belasten. Die österreichischen Ärzte fanden heraus, dass bei diesen Temperaturen sogar Karzinome (Krebszellen) anfangen, sich abzubauen. Gesunden Zellen macht diese Temperatur jedoch nichts aus. Auch Prof. von Ardenne hatte dies erkannt und entwickelte daraufhin seine »Krebs-Mehrschritt-Therapie«, eine Kombination aus der »Sauerstoff-Immun-Stimulation« und der Tiefenüberwärmung.

Anfangs waren die Bestrahlungsgeräte sehr teuer, sodass sie sich eigentlich nur für Kliniken oder große Praxen eigneten. Die schädlichen Strahlenanteile des Infrarot-Lichtes mussten nämlich mit in teuren und aufwändigen Verfahren hergestellten Glasfiltern herausgefiltert werden, sodass nur das therapeutisch wirksame Infrarot-A-Licht zur Anwendung kam. Nur die Infrarot-A-Strahlen sind nämlich in der Lage, die Haut unresorbiert zu passieren, sodass eine Überwärmung der Haut vermieden wird und sich die heilende Wirkung erst im tieferen Gewebe entfalten kann.

Mittlerweile hat die Technik Fortschritte gemacht, und so gibt es seit einiger Zeit eine kleine und handliche Lampe auf dem Markt, die reine Infrarot-A-Strahlung produziert. Dieser *hydrosun 500-Strahler* filtert das Licht nicht mehr durch teure, in Handarbeit geschliffene Glasscheiben, sondern durch einen im Strahlengang befindlichen hermetisch geschlossenen Wasserfilter. Im Prinzip ist dieses Verfahren der

Natur abgeschaut, denn auch dort werden die schädlichen Anteile des Sonnenlichtes durch den Wasserdampf in der Atmosphäre herausgefiltert, was letztlich das Leben auf unserem Planeten erst möglich macht. Durch den Strahler wird jetzt bei der Hyperthermie eine extreme Austrocknung und zu hohe Belastung der Haut verhindert, und die verbleibenden Infrarot-A-Strahlen können bei geringster Oberflächenbelastung tief in das Gewebe eindringen und dort ihre heilende Wirkung entfalten. Der Strahler ist durchaus auch für den privaten Gebrauch geeignet, da er außer einer Steckdose keine weiteren Anschlüsse benötigt.

In meinen Praxen gehört die Behandlung mit wassergefiltertem Infrarot-A-Licht als Hyperthermie nun schon seit vielen Jahren zum festen Therapieplan, denn sie lässt sich bei zahlreichen Erkrankungen einsetzen, bei denen viele die direkte Folge von dauerhafter Stressbelastung sind. Dazu gehören nicht nur die schon beschriebenen Krebserkrankungen, sondern auch schwere organische Entzündungen wie Magen-, Darm- oder Bronchialentzündungen, Nebenhöhlen- oder Ohrenentzündung, Neuralgien, Gelenkleiden, Knochen- und Gewebsentzündungen, Blutergüsse, Verrenkungen, Nieren- und Blasenleiden und vieles andere mehr. Schon wenige Anwendungen helfen oftmals, diese Krankheiten, auch wenn sie chronischer Natur sind, zu lindern oder zu beseitigen. Das gilt natürlich insbesondere dann, wenn die Hyperthermie in Kombination mit der *»Sauerstoff-Immun-Stimulation«* durchgeführt wird. Die Behandlung mit wassergefiltertem Infrarot-A-Licht ist nicht nur völlig ungefährlich, sondern sogar sehr angenehm. Viele Patienten schlafen dabei ein und wachen nach der Therapie erfrischt und ausgeruht wieder auf. Ich kann deshalb nur jedem stressgeplagten Menschen empfehlen, sich eine solche »Lampe« für den Hausgebrauch zuzulegen. Sie werden bald das Wohlgefühl nicht mehr missen wollen, das sich in Ihnen ausbreitet, wenn Sie mit dem Strahler Magen, Bauch, Nacken, Schultern, Stirn, Rücken und Gelenke bestrahlen. Magendruck, Verdauungsstörungen, Kopfschmerz und Migräne lassen sich damit nämlich ebenso gut behandeln und positiv beeinflussen wie überbeanspruchte Gelenke, verkrampfte Muskeln oder ein schmerzender Rücken.

Homöopathie

Der Homöopathie kommt eine besondere Bedeutung bei der Behandlung stressbedingter Erkrankungen bzw. der Vorbeugung gegen solche zu. Die Homöopathie ist wahrscheinlich überhaupt einer der wichtigsten Grundpfeiler, auf denen unsere Naturheilverfahren aufbauen. Trotzdem ist sie noch lange nicht so alt wie z.B. die Pflanzenheilkunde, die ja schon zu Urzeiten von unseren Vorfahren praktiziert wurde.

Der sächsische Arzt Dr. Samuel Hahnemann war es, der 1796 die Homöopathie entwickelte und die Wirksamkeit dieser neuen Heilmethode auch praktisch beweisen konnte. In der Zwischenzeit hat sie ihren Siegeszug um die halbe Welt angetreten; die englische Königin beispielsweise geht niemals auf Reisen, ohne ein kleines Köfferchen mit homöopathischen Arzneimitteln bei sich zu haben.

Was ist das Besondere an der Homöopathie? Nun, fast alle gebräuchlichen Arzneimittel, vor allen Dingen die der Schulmedizin, sind Gegenmittel. Das heißt, es sind Mittel, mit denen bestimmten Krankheitserscheinungen entgegengewirkt werden soll. Die Homöopathie dagegen nimmt einen anderen Weg. Ihr Prinzip besteht darin, bestimmte Wirkstoffe zu finden, die in hoher Konzentration und Dosierung ähnliche Wirkungen hervorrufen würden wie jene, die beim Patienten gerade bestehen. Zur Bekämpfung dieser Krankheit werden dem Patienten dann aber diese Wirkstoffe in sehr starker Verdünnung und niedriger Dosierung verabreicht. Auf diese Weise werden die körpereigenen Abwehrkräfte angeregt, die bestehenden Beschwerden auf natürlichem Wege zu bekämpfen und die Krankheit ohne Schaden auszuheilen.

Dem homöopathisch arbeitenden Therapeuten stehen heute über zweitausend Präparate zur Verfügung, die jeweils auf ganz bestimmte Krankheitsbilder abgestimmt sind. Es handelt sich dabei ausschließlich um natürliche, also pflanzliche, organische oder mineralische Produkte, nicht aber um synthetisch hergestellte Präparate.

Jedes Jahr kommen weitere homöopathische Mittel hinzu. Die Kunst des Behandlers besteht nun darin, unter den vielen Präparaten dasjenige auszusuchen, dessen Arzneimittelbild den bei seinem Patienten bestehenden Beschwerden am nächsten kommt.

Daraus ergibt sich, dass für jedes Krankheitsbild und für jeden Patienten das eigene individuelle Mittel ausgesucht werden muss. Hervorstechendstes Merkmal der Homöopathie ist es, dass sie nicht nur für jedes Alter, für jedes Geschlecht und bei fast jeder Erkrankung nahezu wunderbare Erfolge erzielen kann, sondern dass sie bei richtiger Anwendung außerdem absolut frei von schädlichen Nebenwirkungen ist. Insbesondere bei allen stressbedingten Erkrankungen sind die Erfolge homöopathischer Mittel immer wieder besonders eindrucksvoll. In der Regel sind alle Präparate als Tabletten, Pulver oder auch als Tropfen erhältlich. Besonders bewährt hat sich auch die Anwendung homöopathischer Mittel als Injektion. Durch das Einspritzen des homöopathischen Mittels in bestimmte Akupunkturpunkte oder durch die Verwendung als neuraltherapeutische Injektion in Verbindung mit Procain lässt sich diese wunderbare Wirkung noch um ein Vielfaches steigern.

Mittlerweile ist die Homöopathie, die bisher von der Schulmedizin immer abgelehnt wurde, auch wissenschaftlich bewiesen worden. So gelang es dem Arzt und Wissenschaftler Dr. J. Benveniste von der Universität Paris-Süd und 12 Mitautoren aus 6 Forschungsinstituten in Frankreich, Italien, Israel und Kanada, in wissenschaftlichen Versuchsreihen nachzuweisen, dass die homöopathischen Arzneimittel selbst in höchster Potenzierung (in der Homöopathie heißen die einzelnen Verdünnungsstufen »Potenzen«) nicht nur wirksam sind, sondern dass sich die Wirksamkeit von Potenzierung zu Potenzierung sogar noch erhöhen lässt. So wurde nun endlich wissenschaftlich bestätigt, was den Homöopathen schon seit Jahrhunderten bekannt ist.

Auch ich bin immer wieder von der erstaunlichen Wirksamkeit der Homöopathie beeindruckt. Sie gehört deshalb schon seit Beginn meiner Praxistätigkeit zu den am häufigsten angewendeten Behandlungsmethoden. Da ich während meiner Assistentenzeit auch eine Ausbildung an einer Fachschule für Homöopathie hatte, entwickelte ich für meine Patienten schon selbst sehr früh eigene homöopathische Komplexe, die unter dem Namen *Bamaplex* in Apotheken erhältlich sind.

Das Besondere an meinen homöopathischen Komplexen ist, dass sie nach dem Prinzip von Yin und Yang zusammengestellt sind. Das heißt, dass es von jedem Präparat jeweils ein A- und B-Mittel gibt. Bekanntlich geht die chinesische Lehre ja davon aus, dass ein Mensch erst dann gesund ist, wenn seine Energien, sein Yin und Yang (Passiv und Aktiv) im Gleichgewicht sind. So wird dann mit dem einen Mittel das Yin und mit dem anderen das Yang aktiviert, sodass beide Körperenergien allmählich wieder in ein harmonisches Gleichgewicht kommen. Die einzelnen Bestandteile der Komplexe sind so ausgewählt, dass sie direkt gegen die vorhandenen Beschwerden wirken. Das Ziel ist immer, eine schnelle Linderung oder Ausheilung der Beschwerden zu erreichen. Damit sowohl das A- als auch das B-Mittel ungestört auf Yin und Yang wirken können, müssen beide Präparate jeweils im Wechsel eingenommen werden. Es würde zu weit führen, hier auf die einzelnen Präparate einzugehen. Für fast jedes Krankheitsbild ist ein Präparat erhältlich. So gibt es Präparate gegen Magenbeschwerden, hohen oder niedrigen Blutdruck, Herzbeschwerden, Durchblutungsstörungen, Störungen der Verdauungstätigkeit. Aber auch Nerven- und Psychemittel, Wirbelsäulenmittel, Mittel zur Steigerung der körpereigenen Abwehrkraft, Schlafpräparate, Kopfschmerz- und Migränetropfen, Asthma-, Bronchial- und Grippetropfen, Ohrentropfen, Tropfen zur Regulierung der Schilddrüsentätigkeit, gegen Verstopfung, gegen Durchfall, Rückenbeschwerden, Schwindel usw. In meinem Buch »Homöopathie gegen Alltagsbeschwerden« finden Sie weitere Informationen.

Nosoden-Therapie

Diese Therapieform ähnelt der bekannten Impfung. Auch hierbei werden dem Körper abgetötete und verdünnte Krankheitserreger eingespritzt, damit der Organismus Abwehrkräfte dagegen entwickeln kann. Im Unterschied zur Impfung wird die Nosoden-Therapie jedoch nicht zur Vorbeugung eingesetzt, sondern zur Heilung von nicht ganz ausgeheilten früheren Erkrankungen, die vielleicht wieder andere Erkrankungen nach sich gezogen haben. Durch das Einspritzen unschädlich gemachter Erreger der früheren Krankheit »erinnert« sich der Körper wieder an dieses Leiden, kann jetzt neue Abwehrkräfte dagegen bilden und so die alte Krankheit endgültig ausheilen. Damit verschwinden dann auch eventuelle Folgekrankheiten des früheren, vergessenen Leidens.

Chiropraktik

Die Chiropraktik wird eingesetzt, wenn der Stress zu Verschiebungen der Wirbelsäule geführt hat, z.B. durch verkrampftes Sitzen am Schreibtisch. Die Chiropraktik hat durchaus nichts mit der so viel beschriebenen »Knochenbrecherei« zu tun. Der geübte Behandler versteht es, mit einfachen, sorgsam kontrollierten und dadurch hochwirksamen Griffen die Wirbel nach und nach wieder in die richtige Position zu bringen, d.h. einzurenken. Dadurch verschwinden dann allmählich – mitunter sogar sofort – alle Schmerzzustände, die durch die Verschiebung der Wirbel ausgelöst worden waren. Nicht rohe Kraft, sondern ein sehr sensibles Fingerspitzengefühl ist für diese Behandlung notwendig.

Pulsierendes Magnetfeld

Die Behandlung mit pulsierendem Magnetfeld hat schon weltweit Anerkennung gefunden. Die Forschungsergebnisse haben gezeigt, dass die Hauptwirkung dieser Behandlung auf der Verbesserung der Durchblutung und Erhöhung des Sauerstoffdrucks im Gewebe beruht.

Der Physiker W. Heisenberg bestätigte schon vor geraumer Zeit, dass die pulsierende magnetische Kraft, die auf einen menschlichen Organismus einwirkt, einen Teil ihrer Energie auf diesen Organismus überträgt. Damit eignet sich die Magnetfeldtherapie natürlich besonders zur Behandlung von Stress und allen davon ausgelösten Krankheiten. Durch die Übertragung der Energie übt die magnetische Kraft direkt oder indirekt eine heilende Wirkung auf den Körper aus, indem sie die unterschiedlichsten Organfunktionen aktiviert oder reguliert. So wird z.B. ganz allgemein die Regenerationsfähigkeit der Zellen beschleunigt. Im Verdauungstrakt entsteht eine bessere Fermentbildung und damit eine bessere Entgiftung des Organismus, durch Aktivierung des Hormonhaushalts steigen die Leistungsfähigkeit und das Wohlbefinden. Doch auch der Sauerstoff-Stoffwechsel wird angeregt, das Abwehrsystem gestärkt, der Lymphfluss beschleunigt und die Zellteilungsvorgänge werden reguliert. Wissenschaftlich erwiesen ist, dass es durch die Behandlung mit dem pulsierenden Magnetfeld zu einer deutlichen Erweiterung der Blutgefäße kommt, was zu einer Verbesserung der Fließgeschwindigkeit des Blutes in den feinsten Blutgefäßen (Kapillaren) führt und die Gewebsdurchblutung intensiviert.

Damit kommt es letztlich zu einer Temperaturerhöhung im Gewebe, und der Sauerstoffpartialdruck, also die Sauerstoffversorgung des Gewebes, wird um bis zu 300 % gesteigert. Das wiederum hat positive Auswirkungen auf das Immunsystem, das so um das Vier- bis Fünffache leistungsfähiger wird.

Früher wurde die Therapie dabei noch unkontrolliert mit einfachen Magneten durchgeführt. Heute kann man sowohl Intensität als auch Frequenz des pulsierenden Magnetfeldes genau steuern. Moderne Geräte machen es jetzt möglich, genau zu bestimmen, mit welcher Magnetstärke behandelt wird (Intensität) und in welchem Rhythmus das Magnetfeld ein- und ausgeschaltet wird (Frequenz).

Bis vor einigen Jahren war es noch nicht möglich, die Netzfrequenz, die allgemein bei 50 Hertz liegt, auszufiltern, was dazu führte, dass diese Netzfrequenz bei einer Behandlung immer unterschwellig mitschwang, egal welche Frequenz am Gerät selbst eingestellt wurde. Mittlerweile gibt es eine neue Generation von Magnetfeldgeräten, die *Pulsatron-Magnetfeld-Therapiegeräte,* die es ermöglichen, absolut quarzreine Frequenzen zu erzeugen. Mit diesem Gerät gelang es erstmalig, die Netzfrequenz vollkommen auszufiltern, sodass nur die am Gerät selbst eingestellte Frequenz therapeutisch wirksam wird. Das heißt, dass durch die Ausschaltung dieser 50 Hertz-Netzfrequenz nun die am *Gerät* eingestellten Frequenzen direkt und ungestört auf den Patienten übertragen werden können. Die Behandlung ist damit voll kontrollierbar. Die Frequenzen am *Gerät* sind von 1 bis 999 Hertz einstellbar, sodass alle Krankheitsbereiche positiv beeinflusst werden können. Das *Gerät* ermöglicht es außerdem, die Frequenzen in einem vorher festgelegten Bereich computergesteuert ständig zu wechseln, sodass auch unklare Krankheitsbilder mit vielfältigen Beschwerdesymptomen in derselben Sitzung behandelt werden können. Durch das ständige computergesteuerte Auf und Ab der Frequenzen ist gewährleistet, dass jedes einzelne Beschwerdebild immer wieder seine spezifische Magnetfeldfrequenz erhält.

So lässt sich schließlich eine genau dosierte Anwendung durchführen und eine kräftige Energieanreicherung in allen Körpergeweben erreichen. Das heißt aber auch, dass nicht nur Krankheiten behandelt werden, sondern ganz allgemein dem stressgeplagten Menschen mehr Energie zufließt. So können alle funktionellen Bereiche des Körpers schnell und nachhaltig regeneriert werden. Der Mensch wird vitaler, kann deutlich mehr leisten und sich letztlich auch gegen die Folgen andauernden Stresses besser schützen. Der Anwendungsbereich der Behandlung mit pulsierenden Magnetfeldern ist sehr groß. Bei Beschwerden mit der Wirbelsäule sind ebenso gute Behandlungserfolge zu erreichen wie bei Erkrankungen der Gelenke, bei Lähmungen, Brüchen, Knochenentkalkung oder Muskel- und Nervenschmerzen. Doch auch so gefürchtete Stressfolgen wie Kopfschmerzen oder Migräne, Schlafstörungen, Nervosität, Verdauungsstörungen, chronische Müdigkeit und Probleme mit Herz, Leber, Niere, Blase oder anderen Organen lassen sich damit schnell und nachhaltig lindern. Da das pulsierende Magnetfeld auch eine Sauerstoff anreichernde Wirkung hat, lässt es sich auch sehr gut bei allen Störungen einsetzen, die mit der Durchblutung zusammenhängen. Das gilt bei offenen Beinen ebenso wie bei Konzentrationsstörungen.

Besonders vorteilhaft ist, dass die Behandlung mit dem pulsierenden Magnetfeld einfach durchzuführen ist. Der Patient braucht sich dazu noch nicht einmal auszuziehen. Die magnetischen Wellen durchdringen nahezu jedes Material vollständig. Ihre Wirkung beschränkt sich nicht nur auf die Oberfläche des Körpers, sondern sie geht in die Tiefe des Organismus hinein, sogar durch den Organismus hindurch. So können nicht nur oberflächliche Muskelpartien oder Knochen behandelt werden, sondern immer auch die inneren, tiefer liegenden Organe. Und während die Zellen auf Heilung gepolt werden, spürt der Patient keinerlei Unbehagen. Die Therapie ist absolut schmerzfrei und daher ganz besonders für empfindliche Erwachsene und für Kinder geeignet.

Natürlich müssen Sie zur Behandlung nicht unbedingt die Praxis eines Therapeuten aufsuchen. Die Therapie mit dem pulsierenden Magnetfeld lässt sich auch zu Hause problemlos durchführen. Sie müssen dafür nicht einmal einige tausend Mark ausgeben, denn Sie können ein Magnetfeldgerät heute auch leihweise erhalten. Sollten Sie sich später für einen Kauf entscheiden, wird die bis dahin angefallene Mietgebühr in der Regel vom Kaufpreis abgezogen, sodass Sie dann nur noch den Restbetrag zu zahlen haben.

Besonders größere Firmen sollten sich überlegen, ob sie nicht ein kleines »medizinisches Zentrum« einrichten. Mit einer kleinen Anlage zur Durchführung der *Sauerstoff-Mehrschritt-Therapie,* einem *hydrosun 500-Strahler* und einem *Pulsatron-Magnetfeld-Therapiegerät* könnten eine Vielzahl von Alltagsbeschwerden der Mitarbeiter auf schnelle und wirksame Weise ohne schädliche Nebenwirkungen erfolgreich behandelt werden. Die Zahl der »Krankschreibungen« ließe sich damit sicherlich drastisch reduzieren und die Leistungsfähigkeit und Arbeitsfreude der Mitarbeiter deutlich steigern.

Edelstein-Meridian-Massage – Harmonie von Körper, Geist und Seele

Bei dieser in meiner ProVital Naturheilklinik entwickelten Therapie handelt es sich – wie der Name schon sagt – um eine Kombination zweier altbewährter Naturheilverfahren. Zum einen kommt hier die *Edelstein-Therapie,* mit der die heilige Hildegard von Bingen schon vor rund 1000 Jahren Menschen erfolgreich behandelte, zum Einsatz, zum anderen die *Meridian-Massage,* eine sanfte Massage der Meridiane, also der Energiebahnen, in denen nach alter chinesischer Lehre die Lebensenergie fließt. Die Wirkung der Edelsteine beruht zum einen auf der Schwingung, die der jeweilige Stein hat und auf den Menschen überträgt, wenn dieser mit dem

Stein in Berührung kommt. Jeder Stein hat seine eigene Schwingung, die bedingt ist durch seinen Entstehungsprozess. Und durch die unterschiedlichen Schwingungen können die verschiedensten Steine auch bei den verschiedensten Krankheiten wirken. Es ist also durchaus nicht jeder Stein bei jeder Krankheit wirksam. Wissen, Erfahrung und Intuition des Behandlers sind deshalb wichtig für die Auswahl des richtigen Edelsteines, mit dem er seinen Patienten behandeln will. Doch die individuelle Schwingung des Steines, also die Schwingung seiner Materie, ist nur die eine Hälfte, mit der eine Heilwirkung erreicht werden kann. Zum anderen wirkt auch die Farbe des Steines.

Bekannt ist, dass jede Farbe ihre eigenen Schwingungen hat. Überhaupt ist Licht nichts anderes als Schwingung in bestimmten Frequenzen. Farbige Edelsteine übermitteln deshalb auch die Schwingung ihrer Eigenfarbe, zusammen mit der Schwingung ihrer Materie. Beide Kräfte gemeinsam sind dann für die Heilung wichtig und können gezielt eingesetzt werden. So können Gedanken und Empfindungen positiv gesteuert und letztlich die gewünschte Harmonisierung von Körper, Geist und Seele erreicht werden. Gerade für stressgeplagte Menschen ist diese Behandlung eine wahre Wohltat. Ganz besonders dann, wenn zusätzlich der Energiefluss in den Meridianen noch durch eine sanfte Massage angeregt wird. So kann zum einen gestaute Energie wieder zum Fließen gebracht werden – was alle biologischen Vorgänge im Organismus stimuliert –, zum anderen kann durch die Verstärkung der Harmonie auch das seelische Gleichgewicht wieder erreicht werden. Es gibt sicher kaum eine bessere Therapie gegen Stress, Nervosität, psychische Belastung, allgemeine Überforderung und alle daraus resultierenden körperlichen oder seelischen Beschwerden.

Soweit einige Erklärungen zu den wichtigsten naturheilkundlichen Behandlungsmethoden. Natürlich gibt es noch wesentlich mehr hilfreiche Waffen im Arsenal des Naturheilkundlers. Es ist unmöglich, hier alle aufzuführen; doch sollte man wissen, dass all diese Methoden keine Wundermittel sind, die von heute auf morgen Krankheiten beseitigen können. Jede Therapie erfordert Geduld und die Mithilfe des Patienten. Dafür kann der Patient aber auch erwarten, dass er seine Beschwerden nicht nur für kurze Zeit, sondern langfristig los wird und dass ihm die Behandlung keine schädlichen Nebenwirkungen bringt.

3.2. Die natürliche Behandlung einiger stressbedingter Krankheitsbilder

Magenbeschwerden

Dass Ärger sich auf den Magen schlagen kann, ist eine sprichwörtliche Tatsache. Wer immer sich mit chronischen Magenbeschwerden herumschlägt, ob es sich nun um einen Reizmagen, eine chronische Gastritis, eine Unter- oder Überproduktion von Magensäure, um Völlegefühl, Blähungen oder gar ein Magen- oder Zwölffingerdarmgeschwür handelt, kann sich ziemlich sicher sein, dass seelische Ursachen für seine Erkrankung vorliegen, meistens ein nicht gelöster Konflikt, eine dauernde Angst, fast immer Dis-Stress.

Vor jeder Heilung steht daher die Lösung des Konflikts und die Änderung der stressfördernden Lebensgewohnheiten. Außerdem ist bei allen Magenleiden darauf zu achten, dass auf die Genussgifte Kaffee, Alkohol, Nikotin sowie auf Zucker, Süßigkeiten und scharf gewürzte Speisen verzichtet wird.

Einige bewährte Hausmittel

Bei Magenschleimhautentzündungen (Gastritis) und selbst bei Magengeschwüren hilft sehr oft eine *Rollkur* mit Kamillentee. Hierzu bereiten Sie sich einen Kamillentee durch Aufbrühen von 2 Esslöffeln Kamillenblüten mit einer Tasse heißem Wasser. Davon trinken Sie ein Viertel und legen sich auf den Bauch, dann ein weiteres Viertel und legen sich auf den Rücken, nach dem nächsten Viertel dann auf die rechte und nach dem letzten Viertel auf die linke Seite. Jeweils nach einer Minute wird der Körper gedreht. Auf diese Weise kommt der heilbringende Tee an alle Stellen des Magens und bringt die Schleimhautentzündung zum Abklingen.

Als weitere *Heiltees* sind Tees aus Bitterpflanzen wie Tausendgüldenkraut, Wermut, Enzian und Bitterklee zu empfehlen. Eine Mischung dieser Pflanzen hilft vor allem bei einer Überproduktion von Magensäure.

Eine wohltuende Wirkung auf den Magen haben auch *Haferschleimsuppen,* die allerdings nicht stark gewürzt sein dürfen. Sie werden aus Haferschrot oder Haferflocken mit Wasser zubereitet. Einen gewissen Schutz für die Magenschleimhaut kann außerdem auch der *Leinsamen* bieten.

Was der Naturmediziner für Sie tun kann, lesen Sie unter *Magengeschwüre.*

Magen- und Zwölffingerdarmgeschwüre

Die oft sehr schmerzhaften und nicht ganz ungefährlichen Geschwüre am Magen oder Zwölffingerdarm befallen besonders häufig ehrgeizige und erfolgreiche Menschen, die ständig unter Stress stehen. Oft sind es Menschen, die im Grunde eher umsorgt und bemuttert werden möchten, aber stattdessen glauben, den starken Mann (oder die starke Frau) spielen zu müssen. Der Magen dieser Menschen produziert im Übermaß Magensäfte, die die Magenwände angreifen und Geschwüre verursachen.

Die Behandlung erfolgt ähnlich wie die der Magenschleimhautentzündung. Allerdings sollten Sie immer auch einen naturheilkundlich orientierten Arzt oder Heilpraktiker hinzuziehen. Neben Rollkuren und Bittertees helfen bei Magengeschwüren auch Kuren mit Weißkohlsaft. Zuweilen wird auch Süßholz (Lakritz) empfohlen. Auch Milch – ein Glas alle drei Stunden getrunken – kann die Beschwerden bessern.

In meinen Praxen werden bei den genannten Beschwerden vor allem *Akupunktur* und *Neuraltherapie* angewendet und homöopathische Mittel verordnet. Es wird in erster Linie eine Regulierung der Magensäureproduktion angestrebt. Schon wenige neuraltherapeuthische Injektionen im Bereich des Oberbauchs (»Magengrube«) besänftigen das vegetative Nervensystem, regulieren die Magensäureproduktion und heilen die Krankheit aus. Auch die Überwärmungstherapie mit dem Infrarot-A-Strahler und wassergefiltertem Infrarot-A-Licht kann wie die Magnetfeldbehandlung den Heilungsverlauf beschleunigen. Selbst »aufgegebene Fälle« konnten so schon erfolgreich behandelt werden.

Blähungen

Blähungen entstehen durch Gärungs- und Fäulnisprozesse im Dickdarm, die in geringem Umfang durchaus einen normalen Körpervorgang darstellen. Bei Störungen im Verdauungsapparat kommt es jedoch zu vermehrter Gasbildung mit unangenehmen Blähungserscheinungen.

Eine Reihe von Pflanzen hilft, die blähende Wirkung von Speisen zu mindern bzw. zum Verschwinden zu bringen. Dazu gehören vor allem die Samen von *Fenchel, Anis, Kümmel* und *Koriander.*

Sind die Blähungen stressbedingt, so können diese Samenkörner zusammen mit beruhigend wirkenden Kräutern wie z.B. Baldrian und Melisse kombiniert werden. Bereiten Sie sich daraus einfach einen Tee zu und trinken Sie mehrere Tassen täglich.

Hilfreich ist auch eine *Leib-Selbstmassage:*

Sie legen sich am besten auf den Rücken und ziehen die Knie so weit an, dass sich die Bauchdecke voll entspannt. Nun legen Sie die rechte Hand auf die rechte untere Bauchseite (Blinddarmgegend) und darüber die linke Hand. Die aufeinander liegenden Hände streichen jetzt mehrfach in einem Kreis hoch zum rechten unteren Rippenbogen, dann nach links zum linken unteren Rippenbogen und von dort kreisförmig zurück zum Ausgangspunkt. Diesen Bogen kann man auch statt in einer Linie mit lauter kleinen Kreisen abstreichen. Die Blasengegend sollte nicht mit massiert werden.

In meinen Praxen setzen wir vor allem Injektionen mit individuell für den Patienten ausgewählten homöopathischen Mitteln, Akupunktur und Neuraltherapie ein. Dadurch werden die Verdauungsorgane zu besserer Tätigkeit angeregt, vermehrt Fermente gebildet und so letztendlich die Blähungen künftig vermieden. Unterstützend wirkt außerdem die Behandlung mit dem *Magnetfeldgerät.*

Verstopfung (Obstipation)

Verstopfungen haben fast immer seelische Ursachen. Neben tief sitzenden inneren Konflikten, die oft noch aus der Kindheit herrühren, ist meist auch Stress die Ursache. Dies besonders dann, wenn die Mahlzeiten nur unregelmäßig und in Eile eingenommen werden und bei all den dringenden Geschäften keine Zeit für das Geschäft auf dem stillen Örtchen bleibt.

Auch eine ballaststoffarme Ernährung wie Kantinenkost, Hamburger mit Pommes frites und dergleichen kann am fehlenden Stuhlgang schuld sein. Sorgen Sie deshalb dafür, dass Ihre Nahrung genügend Ballaststoffe enthält, also vor allem pflanzliche Faserstoffe. Lange Zeit hielt man diese für entbehrlich, da sie vom Körper nicht verwertet werden, und nannte sie daher geringschätzig Ballaststoffe. Heute weiß man aber, dass sie unbedingt nötig sind, um den Darm anzuregen und die Ausscheidung zu fördern. Ballaststoffreiche Nahrung trägt wesentlich zur geregelten Verdauung und daher zur Entgiftung des Körpers bei.

Sie sollten deshalb viel Vollkornprodukte zu sich nehmen und daneben regelmäßig viel Gemüse und Hülsenfrüchte essen, während der Konsum von Backwaren aus Auszugsmehlen und Fleisch eher einzuschränken ist.

Auch das regelmäßige Kauen von *Multatop-Ballaststoff-Kautabletten* wird helfen, da sie die Funktion des Darmes anregen.

Geregelter Stuhlgang

Die geregelte und durchgeplante Arbeitswelt bringt es mit sich, dass man sich oft gezwungen sieht, den Stuhlgang zu verschieben. Dadurch gewöhnt der Darm sich seine Reflexe ab. Vielfach wird dieses Verhalten noch durch falsche Scham und ein unnatürliches Verhältnis zum eigenen Körper gefördert. Sie sollten stets den Signalen des Körpers nachgeben und nicht auf äußere Umstände Rücksicht nehmen. Hilfreich ist es, wenn der Körper sich mit einer gewissen Regelmäßigkeit meldet, doch sollten Sie dies nicht erzwingen. Die verbreitete Auffassung, man müsse seinen Darm »erziehen«, entspricht jedoch einer falschen Unterordnung der normalen Körpervorgänge unter zivilisatorische Normen, für die sich der Körper dann rächt. Allerdings wird eine geregelte Lebensführung mit regelmäßigen Mahlzeiten auch bald einen regelmäßigen Stuhlgang zur Folge haben.

Natürliche Mittel zur Förderung des Stuhlgangs

Während vor allen Abführmitteln gar nicht genug gewarnt werden kann, da sie die natürlichen Reflexe des Darms lahmlegen, können einige natürliche Produkte bedenkenlos einige Zeit gegen Verstopfung verabreicht werden. Doch muss das Ziel immer sein, den Körper dazu zu bringen, selbstständig zu funktionieren.

Zu den natürlichen »Abführmitteln« zählt vor allem *Trockenobst,* insbesondere Backpflaumen und Feigen. Sie können direkt gegessen oder eingeweicht dem Frühstücksbrei zugesetzt werden. Durch eingeweichten *Leinsamen* wird der Stuhl weicher. Ein natürliches Abführmittel ist auch der *Milchzucker.* Hiervon sollten Sie 10 g in warmer Milch auflösen und morgens auf nüchternen Magen trinken.

In Reformhäusern und Apotheken sind Abführtees auf Heilkräuterbasis zu kaufen. Meist enthalten sie *Schlehen, Faulbaumrinde, Sennesblätter* und *Senfkörner.* Auch diese Abführtees sollten jedoch keinesfalls gewohnheitsmäßig und auf Dauer getrunken werden.

Eine hervorragende Wirkung auf alle Verdauungsvorgänge in Magen und Darm hat der *Knoblauch,* der dazu beiträgt, dass sich eine gestörte Darmflora wieder regenerieren kann. Eine regelmäßige Einnahme von Knoblauchtinktur, Knoblauchöl oder frischen Knoblauchzehen sorgt für die notwendige Entgiftung des Darms. Zur Bereitung der Tinktur gibt man etwa zehn Knoblauchzehen auf einen Viertelliter hochprozentigen Alkohol und lässt die Flasche etwa zwei Wochen im Sonnenlicht stehen. Dann wird abgeseiht und die Tinktur in einer dunklen Flasche aufgehoben. Davon trinkt man täglich 20 Tropfen verdünnt. Zur Zubereitung des Knoblauchöls werden Knoblauchzehen reinem Olivenöl beigegeben.

Nur im Notfall verabreicht werden sollte das *Rizinusöl.* Es bewirkt zwar eine baldige Entleerung des Darms, hat jedoch schnell wieder eine erneute Verstopfung zur Folge.

Einläufe (Klistiere)

Löst sich die Verstopfung nicht durch eine Ernährungsumstellung, ist als letztes Mittel ein Einlauf zu empfehlen. Er ist das beste Mittel zur gründlichen Leerung und Entgiftung des Darms. Im Gegensatz zu vielen Abführmitteln wird der Darm nicht lahmgelegt, sondern sogar zur besseren Durchblutung angeregt. Geräte für Einläufe gibt es in Apotheken zu kaufen.

Bei Entzündungen im Darmbereich sollten Einläufe unterbleiben. Ebenso sollten sie nicht auf Dauer angewendet werden, da jede Therapie zum Ziel haben muss, die Eigenbewegungen des Darms wieder in Gang zu setzen.

Bewegungsübungen und Massagen

Zur Vorbeugung gegen Verstopfungen und deren Beseitigung ist ausreichende Bewegung erforderlich. Besonders gut geeignet sind *Treppensteigen* und *Radfahren* bzw. *»Radfahrgymnastik«,* bei der Sie sich auf den Rücken legen und mit den Beinen Radfahrbewegungen vollführen. Auch die *Selbstmassage* des Bauches, wie ich sie im Abschnitt über die Blähungen beschrieben habe, ist bei Verstopfungen hilfreich.

Der Heilpraktiker kann gezielte Massagen wie *Bindegewebsmassage* durchführen oder eine Behandlung mit pulsierendem Magnetfeld. Durch die magnetischen Impulse wird der Darm zur besseren Tätigkeit angeregt und mit mehr stoffwechselaktivierendem Sauerstoff versorgt. In schwierigen Fällen können auch Akupunktur, Homöopathie und Neuraltherapie erfolgreich eingesetzt werden. In meinen Praxen verwende ich zusätzlich die Organ-Frisch-Extrakte, insbesondere Leber, Bauchspeicheldrüse und Magen, die die Produktion von Verdauungssäften anregen. So kann in der Regel auch bei hartnäckigen Fällen geholfen werden.

Durchfall

Die Ursachen für Durchfälle bestehen manchmal einfach darin, dass verdorbene Speisen verzehrt worden sind oder man sich eine Infektion eingehandelt hat. Sehr oft sind es aber auch psychische Gründe und vor allem Stress, die den Durchfall bewirken, besonders wenn es sich dabei um einen Dauerzustand handelt. Den meisten von uns sind »Angstdurchfälle« als Folge von Stress – etwa vor Prüfungen – bekannt.

Für eine erfolgreiche Behandlung muss zunächst einmal die Ursache geklärt werden: Wenn Durchfälle die Folge einer Vergiftung sind oder eine Infektionskrankheit zu Grunde liegt, sollte ärztliche Hilfe herangezogen werden. Bei Störungen der Darmflora oder bei Pilzbefall – was durch eine Stuhluntersuchung festgestellt werden kann – müssen eine gezielte Anti-Pilz-Therapie und eine Symbiosebehandlung durchgeführt werden.

Ernährung

Wer unter Durchfällen leidet, sollte auf jeden Fall Alkohol und Kaffee meiden. Bei akuten Durchfällen ist das beste Mittel, nichts weiter als *geriebene Äpfel* zu essen. Sie enthalten in großen Mengen Pektine, die die Eigenschaft haben, Flüssigkeiten zu verfestigen und so für einen festen Stuhl zu sorgen. Ähnlich wirken auch Heidelbeeren, Bananen und Karotten.

Die Darmflora wird durch *echte Hefe* stabilisiert und lässt sich durch regelmäßiges Essen von Knoblauch entgiften. Alle chemischen Präparate gegen Durchfall, die auf dem Markt erhältlich sind, schaden mehr als sie nutzen. Wirksamer und auf Dauer auch nützlicher ist die Einnahme von homöopathischen Präparaten bzw. Pflanzenextrakten. Meinen Patienten empfehle ich deshalb immer *Lomatol-Tropfen,* die neben einem Extrakt aus Pfefferminzblättern auch noch Fenchel, Kümmel und Wermutkraut enthalten. Sie haben sich bei allen funktionellen Magen-Darmbeschwerden mit krampfartigen Schmerzen sowie Blähungen und Völlegefühl bestens bewährt. Verdünnt mit Brei können sie selbst bei Säuglingen und Kleinkindern eingesetzt werden und bekämpfen die ernährungsbedingte Verdauungsstörung, Blähbauch und Nabelkoliken. Auch »Speikinder«, die den betroffenen Müttern viel Stress bereiten, lassen sich damit gut behandeln.

Um gegen Durchfälle vorzubeugen, muss die Nahrung langsam gegessen und gut eingespeichelt werden. Durch das Hinunterschlingen großer Bissen wird die Nahrung oft nicht genügend im Magen verdaut, sodass im Darm Fäulnisvorgänge mit Gasbildung ablaufen. Dadurch werden Darmschleimhaut und Darmflora geschädigt, was oft der Anfang von Durchfällen ist.

Das Heilfasten

Bei allen Durchfallerkrankungen ist Fasten ein ausgezeichnetes Mittel. Durch Fasten erfährt der Darm und damit der ganze Körper eine gründliche Reinigung von innen her, die die physische und psychische Gesundheit wohltuend beeinflusst. Dies ist auch der Grund, weshalb in fast allen Religionen eine Fastenzeit existiert.

Eine Fastenkur kann von einer Woche bis zu drei Wochen andauern. Während der Fastenkur ist keine feste Nahrung erlaubt. Dagegen sollen Kräutertees, Gemüsebrühe und Fruchtsäfte in größeren Mengen getrunken werden. Zu Beginn der Fastenkur ist für eine gründliche Leerung des Darms, eventuell sogar durch Klistiere, zu sorgen.

Die von vielen befürchteten Hungergefühle treten nur in den ersten Tagen auf. Danach fühlen sich viele Fastende eher fröhlich, beschwingt und leistungsfähig. Während des Fastens sollten Sie Eiweiß-Präparate einnehmen, da die Wirkung des Fastens bezüglich Gewichtsabnahme und Entgiftung dadurch wesentlich verbessert wird.

Neben der länger andauernden Fastenkur ist kurzzeitiges Fasten immer ein nützliches Entgiftungsmittel für den Körper und besonders bei Durchfällen zu empfehlen.

Kräutertees

Bei Durchfallerkrankungen helfen vor allem Tees aus Heidelbeeren und anderen gerbstoffhaltigen Pflanzen wie Eiche, Brombeerblätter, Gänsefingerkraut oder Himbeerblätter.

Für meine Patienten setze ich bei Durchfällen vor allem *Homöopathie* und *Akupunktur* ein. Auch die *Neuraltherapie* bringt sehr gute Erfolge. Hierbei werden die Procain-Injektionen vor allem im Bereich des Bauches eingesetzt. Sehr wirkungsvoll sind auch Anwendungen mit dem *pulsierendem Magnetfeld,* den *wassergefilterten Infrarot-A-Strahlern* und Organ-Frisch-Extrakten.

Herzstörungen

Die herz- und kreislaufschädigende Wirkung des Stresses ist allgemein bekannt. Herzinfarkt und andere Herz-Kreislauferkrankungen zählen heute zu den häufigsten Todesursachen in den Industriegesellschaften und sind überwiegend stressbedingt. Natürlich ist bei allen Anzeichen dieser Erkrankungen, also bei Herzschmerzen, unregelmäßigem Herzschlag, hohem Blutdruck, Engegefühlen in der Brust usw. eine ärztliche Untersuchung mit modernen technischen Apparaturen nötig. Erst wenn klar ist, dass keine lebensbedrohenden Schädigungen vorliegen, kann man auf die Selbstbehandlung vertrauen, mit der auf jeden Fall eine Änderung der Lebensführung einhergehen muss.

Vermeiden Sie deshalb Dis-Stress, wo immer es möglich

ist. Wie Sie das erreichen können, habe ich in diesem Buch ausführlich beschrieben.

Regelmäßige Bewegung und leichte Anstrengungen sind für die Gesunderhaltung des Kreislaufs ebenfalls unbedingt nötig. Der Puls sollte infolge der Bewegung einmal am Tag für mindestens 15 Minuten einen Wert von 130 Schlägen pro Minute erreichen.

Zunächst ist es ratsam, sich überall da zu bewegen, wo man sonst aus Bequemlichkeit auf die Bewegung verzichtet hat. Sie sollten Treppen steigen, statt den Aufzug zu benutzen, zu Fuß gehen, statt Auto zu fahren. Danach sind leichte Ausdauersportarten wie Radfahren, Wandern oder Schwimmen und Laufen anzuraten. Vor Beginn eines regelmäßigen Trainings sollte allerdings eine ärztliche Untersuchung stehen.

Nahrungsumstellung

Zur Vermeidung von Herz- und Kreislaufschäden ist die Ernährung mit Vollwertkost unumgänglich. Fette Speisen und Zucker sollten vom Speisezettel gestrichen werden, da sie Cholesterinablagerungen bewirken, die die Arterien verengen und die Entstehung des Herzinfarkts fördern. Da auch ein erhöhter Blutdruck die Gefahr der lebensbedrohenden Herz- und Kreislauferkrankungen verstärkt, ist der Kochsalzkonsum so weit wie möglich zu reduzieren. Achten Sie bitte auch auf Kochsalz und versteckte Fette in Fleisch, Wurst, Käse, in Konserven, Knabberzeug und im Mineralwasser!

Umstellung der Lebens- und Arbeitsweise

Gehören Sie zu den Menschen, bei denen Herz und Kreislauf bereits vorgeschädigt sind, ist es höchste Zeit, einiges an den Lebensgewohnheiten und -einstellungen zu ändern. Dazu gehört zum Beispiel die Einsicht, dass es im Leben nicht nur auf die erreichte Position, auf Geld und Anerkennung, sondern auf innere Zufriedenheit und Ausgeglichenheit ankommt.

Statt ständiger Anspannung muss auch die Entspannung zu ihrem Recht kommen. Statt sich ständig an Normen und Rollen anzupassen, muss es auch Ihnen möglich sein, Ihren Gefühlen mal freien Lauf zu lassen.

Knoblauch

Am einfachsten ist die Anwendung des Knoblauchs, der unter anderem die Eigenschaft hat, den Blutdruck zu regulieren und den Blutfettspiegel in normalen Bereichen zu halten. Da er ein unentbehrliches Gewürz in der feinen Küche ist, kann man den täglichen Bedarf von ein bis zwei Zehen ohne weiteres mit der Nahrung zu sich nehmen. Ansonsten ist die Herstellung einer Knoblauchtinktur, wie auf Seite 166 beschrieben, zu empfehlen. Von dieser Tinktur sollte man zweimal täglich etwa 20 Tropfen einnehmen. Außerdem sind auch Knoblauchpillen und -kapseln auf dem Markt, doch würde ich der Einnahme des frischen Knoblauchs den Vorzug geben. Wer den Körpergeruch fürchtet, der nach dem Knoblauchessen fast unvermeidlich ist, sollte chlorophyllhaltige Pflanzen wie Petersilie in Verbindung mit den Knoblauchzehen zu sich nehmen und im Übrigen versuchen, sein Leben nicht zu sehr an den Urteilen anderer auszurichten.

Mistel

Die Mistel ist eine Pflanze, die sich als Halbschmarotzer in vielen unserer Laubbäume ansiedelt und der von alters her eine heilkräftige Wirkung zugeschrieben wird. Die aus der Mistel gewonnenen Präparate sind blutdruckregulierend und wirken vorbeugend gegen Arterienverkalkungen und vor allem gegen altersbedingte Herzerkrankungen.

Man kann auch einen Tee aus Mistelblättern bereiten. Hierfür werden 2 Teelöffel der Blätter mit einer Tasse kaltem Wasser übergossen. Den Ansatz lässt man 8 Stunden ziehen, erwärmt ihn dann auf Trinkwärme und trinkt ihn in kleinen Schlucken. Es lässt sich aus den Mistelblättern auch ein Saft pressen, der fertig in Apotheken oder Reformhäusern erhältlich ist. Die Dosierung kann den Aufklebern entnommen werden.

Weißdorn

Der Weißdorn bewirkt eine Verbesserung der Herztätigkeit und vermag außerdem den Blutdruck zu regulieren. Bei Arterienverkalkungen, Herzentzündungen und vor allem auch bei nervösen, stressbedingten Herzstörungen ist der Weißdorn eine wirksame Heilpflanze.

Sowohl die Blüten, die Blätter als auch die Früchte lassen sich zur Teezubereitung verwenden. Der Blüten- und der Blättertee wird als Aufguss bereitet. Dazu wird ein Teelöffel der Droge mit einer Tasse kochendem Wasser überbrüht. Die Früchte werden zerstoßen, und aus ihnen wird ein kalter Auszug bereitet. (Pro Tasse nimmt man einen Teelöffel zerstoßener Früchte und lässt diese 8 Stunden in kaltem Wasser ziehen.)

Weißdorntees sind völlig ungiftig und können auch über längere Zeit hinweg genossen werden.

Für unterwegs eignen sich zum Einnehmen am besten *Poikilocard-Dragees,* die Weißdorn-Extrakt in hoher Dosierung enthalten.

Weitere Herztees

a) Man mischt 2 Teile Weißdorn mit 1 Teil Herzgespann und Melisse und überbrüht den Tee mit heißem Wasser. Schluckweise trinken.
b) Eine Mischung wird hergestellt aus 2 Teelöffeln Weißdornblüten, 1 Teelöffel Mistelblättern. Von dieser Mischung überbrüht man 1 Teelöffel mit heißem Wasser.
c) 1 Teil Herzgespann, 1 Teil Baldrian, 1 Teil Hopfen und 1 Teil Melisse werden gemischt. Von der Mischung übergießt man 2 Teelöffel mit einer Tasse kalten Wassers und lässt den Auszug mehrere Stunden stehen. Dieser Tee wirkt vor allem herzberuhigend.

Herzkompressen

Es werden kalte feuchte Tücher auf die linke Brustseite gelegt und mit einem Leintuch und einer Wolldecke abgedeckt. Die Kompresse bleibt so lange liegen, bis sich die Tücher erwärmt haben und trocken geworden sind.

Hilfsmaßnahmen bei einzelnen Herzstörungen

a) Herzrasen:
Luft anhalten, mit geschlossenen Nasen- und Mundöffnungen Luft herauspressen, bis ein Aufstoßen erfolgt. Das Herz beruhigt sich meist nach wenigen Sekunden.

Zuweilen hilft auch das Trinken von kaltem Wasser oder das Hervorrufen eines Brechreizes, indem man einen Finger in den Mund steckt. Manche Personen helfen sich auch, indem sie sich in Hockstellung begeben und die Oberschenkel gegen die Brust drücken. Dabei sollte der Atem angehalten werden.

b) Starkes Herzklopfen:
Dagegen hilft meist das Trinken von kaltem Wasser, das Luftanhalten oder ein kräftiges Husten.

c) Herzkrampf:
Als erste Maßnahme sollte man den linken Unterarm in kaltes Wasser legen und dann langsam warmes Wasser hinzugeben. Bei stärkeren Engegefühlen in der Brust den Notarzt holen, da es sich um die Vorstufe eines Herzinfarkts handeln kann.

In meinen Praxen werden Herzprobleme vor allem mit *Akupunktur* behandelt. Sehr hilfreich ist auch die *Neuraltherapie,* da viele Herzstörungen Folge von nicht ausgeheilten Infektionen, etwa von Mandelentzündungen oder Zahnerkrankungen sind, die als Störfelder wirken. Sehr wichtig ist auch die Homöopathie.

Sind die Herzbeschwerden durch Alter und Verschleiß bedingt, setze ich mit großem Erfolg die Sauerstoff-Mehrschritt-Therapie mit ansteigenden Fußbädern nach Schiele und Injektionen mit Thymus-, Plazenta- und Herz-Frisch-Extrakten ein, weil damit die Leistungsfähigkeit verbessert, der Alterungsprozess verlangsamt, das Herz gekräftigt und die Durchblutung angeregt wird.

Bei Durchblutungsstörungen wird zusätzlich auch die *Ozon-Therapie* erfolgreich eingesetzt. Weitere bewährte Tipps dazu finden Sie auch in meinem Buch »Naturheilmittel gegen Durchblutungsstörungen« (ProVital Versand).

Sehstörungen

Als Folge des Stresses können auch Störungen des Sehvermögens auftreten. Oft sind dies nur vorübergehende Erscheinungen, doch können auch ernsthafte Augenerkrankungen die Folge sein.

Zunächst muss deshalb durch einen Facharzt abgeklärt

werden, ob Ihre Sehstörungen Folge von Augenerkrankungen oder Kreislauferkrankungen sind. Ist dies nicht der Fall, kann eine Selbstbehandlung erfolgen.

Augenbäder

Hierzu tauchen Sie das Gesicht in eine Schüssel voll warmem Wasser. Im Wasser werden die Augen mehrmals geöffnet und geschlossen. Diesem Augenbad kann ein Absud aus Zinnkraut, Fenchel und Augentrost beigegeben werden. Zuweilen gibt man auch auf einen halben Liter warmen Wassers eine Messerspitze Aloe und wäscht sich mehrmals täglich die Augen damit.

Ein altes Hausmittel ist es, lauwarmes Honigwasser ($^1/_2$ Teelöffel Honig auf eine Tasse Wasser auflösen) ins Auge zu träufeln. Dies hilft vor allem bei überreizten Augen.

Augengymnastik

Oft sind Augenstörungen Folge einer Überlastung der Augen. Bei Tätigkeiten, die die Augen stark beanspruchen, ist öfters mal eine Pause geboten. Sie sollten die Augen von der Arbeitsfläche weg in die Ferne schweifen lassen oder sie schließen. Dabei können Sie mit den Handballen gegen die Augen drücken, damit sich auch die Lidmuskeln ausruhen können.

Bei der *Augengymnastik* sollten Sie die Augen in den Höhlen kreisen lassen, ohne dabei den Kopf zu bewegen. Dadurch werden die Augenmuskeln trainiert und leistungsfähiger.

Meinen Patienten verordne ich in der Regel homöopathische Augentropfen, die u.a. aus Augentrost (Euphorbia) bestehen.

Auch neuraltherapeutische Injektionen an den Nervenausgangspunkten im Augenbereich können helfen. Mit dieser *Neuraltherapie* und auch mit *Akupunktur* werden oft sogar Nasennebenhöhlen-Entzündungen zum Verschwinden gebracht, die zuweilen für die Entzündung der Augen mitverantwortlich sind. In meinem Buch »Erkältungen – nein danke« (Moewig Verlag) habe ich darüber berichtet.

Liegt die Ursache der Sehschwäche in mangelnder Durchblutung, ist an eine *Ozon-Therapie* oder *Sauerstoff-Mehrschritt-Therapie* zu denken. Auch das *pulsierende Magnetfeld* und die *Tiefenüberwärmung* mit dem *hydrosun 500-Strahler* bringen meistens schnelle Hilfe, da sie die Durchblutung und die Sauerstoffversorgung der Augen verbessern. Bei nachlassender Sehkraft im Alter kann auch durch homöopathische Organextrakte Besserung erreicht werden. Zusätzliche Informationen finden Sie in meinem Buch »Naturheilmittel gegen Durchblutungsstörungen« (Pro Vital Versand, 55444 Seibersbach).

Muskelverspannungen, Rückenschmerzen

Rückenschmerzen, Bandscheibenschmerzen und Verspannungen der Muskulatur im Rücken- oder Nackenbereich sind heute weit verbreitet. Meist ist die Ursache eine falsche Körperhaltung am Arbeitsplatz. Durch andauernden Stress kommt es nicht zur nötigen Entspannung der Muskulatur, wodurch die Beschwerden verhindert werden könnten.

Sorgen Sie deshalb zunächst einmal für einen körpergerechten Arbeitsplatz. Sitzmöbel und Arbeitstisch müssen in Größe und Form Ihren Körpermaßen angemessen sein. Während der Arbeit sollten Sie kleine Pausen einlegen, sich strecken und recken bzw. gymnastische Übungen durchführen. Eine spezielle Therapie für bereits vorgeschädigte Rückenmuskulatur und Wirbel habe ich in meinem Buch »Endlich schmerzfrei Band 1: Rheuma« (ProVital Versand) ausführlich beschrieben.

Massagen

Die meisten Massagen sollten nur von Fachleuten durchgeführt werden. Nur in wenigen Fällen ist Selbstmassage möglich. Die einfachste Form stellt das *Trockenbürsten* dar. Durch Massagen und Bürsten wird die Haut besser durchblutet, der Kreislauf angeregt, und Giftstoffe werden schneller aus dem Körper ausgeschieden.

Heilkräuter

Da Muskel- und Gelenkschmerzen fast immer auch von abgelagerten Giftstoffen verursacht werden, sind alle Heilkräuter mit entgiftender und ableitender Wirkung zu empfehlen. Zur Entschlackung verhelfen vor allem *Brennnessel, Löwenzahn, Mädesüß, Holunder* und *Goldrute.* Aus den genannten Pflanzen lassen sich Tees bereiten. Sie können aber auch fertig gemischte *Blutreinigungstees* kaufen.

Ernährung

Auch zur Vorbeugung gegen Muskel- und Gelenkschäden ist Vollwertkost zu empfehlen. Sie versorgt den Körper mit notwendigen Mineralstoffen und hält ihn frei von krank machenden Giften. Da eine Umstellung auf Vollwertkost auch zur Gewichtsabnahme führt, können Übergewichtige so einen wesentlichen Beitrag zur Entlastung ihrer Gelenke leisten.

In meinen Praxen werden Rückenschmerzen und Muskelverspannungen im Sinne der Ganzheitstherapie behandelt. Bei Verrenkungen der Wirbelsäule bringt z.B. die Chiropraktik oft erstaunliche und schnelle Erfolge.

Außerdem können auch *Überwärmungsbestrahlungen* (Hyperthermie), vor allem mit wassergefilterten *hydrosun*

500-Strahler, schnelle Linderung bringen (siehe Seite 149). Zusätzlich setze ich das pulsierende Magnetfeld, Akupunktur, Sauerstoff-Mehrschritt-Therapie und vor allem natürlich die Homöopathie ein. Mit dieser kombinierten Therapie – die natürlich immer individuell auf den einzelnen Patienten abgestimmt wird – erreichen wir auch bei so genannten aussichtslosen Fällen oft noch eine deutliche Besserung oder gar Heilung.

Luftmangel

Wenn Sie das Gefühl haben, nicht genügend Luft zu bekommen, oder wenn sich die Atemwege tatsächlich verengen und verkrampfen, können die verschiedensten Leiden zu Grunde liegen, die vielfach auch durch Stress mit verursacht werden. Jeder Selbstbehandlung muss daher eine gründliche Untersuchung durch den Mediziner vorausgehen.

Oft genügt es schon, sich häufiger an frischer Luft aufzuhalten, die Wohnung besser durchzulüften und zu prüfen, ob nicht etwa zu dichte Fenster jeden Sauerstoff fern halten oder ein falsch konstruierter Ofen zu viel Sauerstoff verbraucht. In solchen Fällen ist rasch Abhilfe geschaffen.

Natürlich muss bei allen Erscheinungen von Luftmangel das Rauchen eingestellt werden. Wer es nicht aus eigener Kraft schafft, sollte es mit einer »Raucher-Sofort-Entwöhnung« versuchen, die ich in meinem Buch »Nie mehr Rauchen« ausführlich beschrieben habe. Meine rund 25-jährige Erfahrung mit dieser Therapie hat immerhin eine Erfolgsquote von über 80 % ergeben.

Auch andere Atemgifte wie chemische Dämpfe, staubhaltige Luft usw. müssen Sie vermeiden. Notfalls ist sogar ein Berufswechsel unvermeidlich. Bei Smog sollten Sie das Haus nicht verlassen.

Richtiges Atmen

Eine häufige Ursache von Luftmangel ist die traurige Tatsache, dass wir verlernt haben, richtig zu atmen. Besonders unter Stresseinfluss atmen wir oft zu hastig und oberflächlich, anstatt tief und gleichmäßig Luft zu holen und abzugeben. Oftmals verschlägt es uns vor Stress den Atem, und wir halten im wahrsten Sinne des Wortes die Luft an. Nur richtiges Atmen aber sorgt für ausreichende Sauerstoffzufuhr und genügend Abfuhr von Kohlendioxid. Wer richtiges Atmen verlernt hat, muss sich notfalls einer gezielten Atemtherapie, dem so genannten *Heilatmen,* unterziehen.

Beim richtigen Atmen muss sich der Brustkorb ausdehnen, damit die Atemwege frei werden und richtig funktionieren können. Gleichzeitige Bauchatmung erhöht die Durchblutung der Lungen. Aber nicht nur auf regelmäßiges Einatmen, sondern auch auf kräftiges Ausatmen ist zu achten. Zwischen dem Einatmen und dem Ausatmen sollte der Atem nicht angehalten werden.

Atemübungen werden am besten in vollkommener Ruhelage ausgeführt. Lassen Sie zunächst Brust und Bauch beim Ausatmen einfallen, und atmen Sie dann langsam unter Dehnung des Brustkorbs und des Bauches ein.

Am Anfang empfiehlt es sich, nur die Bauchatmung zu üben, indem man mit dem Zwerchfell atmet und die Luft tief in den Bauch hineinzieht. Beherrscht man die Bauchatmung, geht man zur Brustatmung über. Es genügt, wenn Sie morgens zehn tiefe Atemzüge tun. Regelmäßiges Üben ist wichtiger als Übertreiben. Sind Sie genügend geübt, können Sie die Atemübungen auch im Sitzen oder Stehen absolvieren.

Besonders beleibte Menschen sollten die Bauchatmung üben. Eventuell kann man zur Unterstützung auch noch ein Buch oder einen anderen Gegenstand auf den Bauch legen und gegen diesen Widerstand üben. Ziel jeder Atemgymnastik ist es, eine naturgemäße Atmung zu trainieren und ins Unterbewusstsein eingehen zu lassen.

Luftmangel als Folge organischer Störungen

Bei schweren Lungen- oder Bronchialleiden ist immer auch die Atmung behindert. In diesen Fällen muss das Grundleiden behandelt werden. Auch ein ständig aufgeblähter Bauch kann die natürliche Atmung stören und muss wie oben angegeben behandelt werden. Wenn Herzstörungen zu Engegefühlen in der Brust und zu Atemschwierigkeiten führen, sollte man schnellstens den Arzt kommen lassen. Aber nicht jede Beklemmung auf der Brust muss vom Herzen ausgehen. Auch Störungen der Wirbelsäule – z.B. durch verschobene Wirbel – sind eine mögliche Ursache, weil dadurch Nerven eingeklemmt werden können, die in den Brustraum ziehen.

Asthma

Eine besonders unangenehme Behinderung der Atmung erfolgt beim Bronchialasthma. Häufig ist es psychisch bedingt, wird durch Stress ausgelöst oder zumindest durch Stress verstärkt.

Bei der häuslichen Behandlung des Bronchialasthmas sind Anwendungen aus der Kneippschen *Wasserheilkunde* zu empfehlen. Dazu gehört etwa der kalte *Oberguss,* der auch noch eine herzkräftigende Wirkung hat. Hierbei stützt sich der Patient vornübergebeugt auf den Rand der Badewanne. Für den Guss wird ein Helfer benötigt, der nun in kleinen Kreisen den Rücken vom rechten Schulterblatt zur Hüfte, dann auf der linken Rückenseite hoch bis zur Schulter begießt. Anschließend fährt er mit dem Wasserstrahl den linken Arm hinunter. Die Wirbelsäule in der Mitte sollte nicht bespritzt werden. Danach beginnt das Gleiche von links nach rechts. Auch auf der Brustseite kann ähnlich verfahren werden.

Zu empfehlen sind auch *ansteigende Armbäder,* die sich problemlos auch mit den *Schiele-Fußbadewannen* durchführen lassen, wenn Sie diese z. B. auf den Tisch stellen und die Arme hineinlegen.

Kräutertees bei Asthma

a) Asthmatee:
5 Teile Huflattichblätter, 3 Teile Kalmus, Basilikum, Haselwurz, Seifenkraut, Koriander und Petersilie werden zerstoßen. Von der Mischung gibt man einen Teelöffel auf eine Tasse kaltes Wasser und lässt den Auszug mehrere Stunden ziehen. Etwas erwärmt, wird der Tee dann schluckweise getrunken.

b) Atemtee nach Kneipp:
Dieser Tee wird aus gleichen Teilen von Isländisch Moos, Eibischwurzeln, Süßholzwurzel und Bitterklee gemischt. Es erfolgt ein Kaltwasserauszug. Wer unter hohem Blutdruck leidet, sollte die Süßholzwurzel weglassen.

Weitere heilsame Kräuter sind Flieder, Gundermann, Hohlzahn und Quendel. Kräuter mit ätherischen Ölen können bei Atemnot das Durchatmen erleichtern.

Das kann der Heilpraktiker für Sie tun:

Besonders Asthma ist von jeher eine Domäne der Ganzheitsmedizin. Bei meinen Patienten setze ich vor allem die *Neuraltherapie* nach Huneke und die *Akupunktur* ein.

Bei akuten Asthmabeschwerden hilft häufig auch die uralte Heilmethode des *Schröpfens.* Hierbei werden auf dem Rücken in Höhe der Brustwirbel Schröpfköpfe angesetzt. Sie bleiben mehrere Minuten auf der Haut, bis sich ein kleiner Bluterguss bildet. Der Patient spürt, wie sich die Verkrampfung seiner Bronchien löst und er besser atmen kann.

Manche Atemstörungen sind auch Folge von verschobenen Wirbeln. In diesen Fällen ist dann wieder die Chiropraktik angezeigt.

Auch Allergien können zu Atemstörungen führen, was z.B. Menschen schon sehr oft erlebt haben, die an Heuschnupfen leiden. Hiergegen hilft eine Umstimmungstherapie, wie sie in meinen Praxen entwickelt wurde. Sie besteht zum einen aus der Bioresonanz-Therapie, bei der die krank machenden negativen Schwingungen des Körpers durch eine spezielle Methode in gesund machende positive Schwingungen umgewandelt werden, Injektionen aus einem Ozon-Eigenblutgemisch und homöopathischen Präparaten, Akupunktur und ggf. auch pulsierenden Magnetfeld und Hyperthermie. Auch Atembeschwerden, die entzündliche Ursachen haben, wie z.B. eine chronische Bronchitis, eine chronische Nebenhöhlen- oder Nasenschleimhautentzündung, werden auf diese Weise behandelt und sind in der Regel schon nach wenigen Wochen verschwunden. Näheres dazu finden Sie in meinem Buch »Erkältung – nein danke« (Moewig Verlag).

Atembeschwerden, die auf einer Abwehrschwäche und damit verbundenen chronischen Infektionen basieren, behandeln wir auch sehr erfolgreich mit Organ-Frisch-Extrakten, insbesondere Thymus-Frisch-Extrakt, weil damit gezielt die körpereigene Abwehrkraft angeregt werden kann. Bei einem bestehenden Sauerstoffmangel, der bei Atembeschwerden meistens vorliegt, wird zusätzlich auch die Sauerstoff-Mehrschritt-Therapie in Verbindung mit den ansteigenden Kreislauf-Fußbädern nach Schiele eingesetzt.

Kopfschmerzen und Migräne

Kopfschmerzen aller Art sind in unserer stresserzeugenden Zeit eine Volkskrankheit geworden, denn es gibt tausend Probleme, die uns im wahrsten Sinne des Wortes »Kopfschmerzen bereiten«. Die Hersteller von Schmerzmitteln verdienen infolgedessen Riesensummen mit ihren Produkten, die oft keine andere Wirkung haben, als wiederum Kopfschmerzen zu provozieren. Es gibt jedoch eine Vielzahl natürlicher Heilmethoden, die ich Ihnen nicht alle aufzählen kann. In meinem Buch »Kopfschmerz und Migräne, Naturheilverfahren vertreiben die Qualen aus dem Kopf« (ProVital Versand) können Sie jedoch alles Wissenswerte darüber nachlesen.

Zunächst ist auf jeden Fall einmal zu untersuchen, wo die Ursachen für die Kopfschmerzen zu finden sind, vor allem, wenn es sich um immer wiederkehrende Schmerzen handelt. In vielen Fällen können nämlich organische Erkrankungen die Ursache sein. Manchmal – Gott sei Dank nur selten – ist es auch ein Tumor. Oft sind Kopfschmerzen auch nur das Symptom eines anderen Leidens, das zuerst behandelt werden muss (z. B. Stirnhöhlenentzündung, grippale Infekte, Veränderungen an der Wirbelsäule usw.). Erst wenn solche Ursachen ausgeschlossen sind, können Sie mit der Selbstbehandlung der nervlich und durch Stress bedingten Kopfschmerzen beginnen.

Medizinische Bäder

Auch bei Kopfschmerzen aller Art können Wasserbehandlungen nützen. Ein besonderes Lob gebührt dabei dem *ansteigenden Kreislauf-Fußbad* nach Schiele (siehe auch Seite 112). Damit werden nicht nur die Kopfschmerzen beseitigt, sondern auch mögliche Ursachen wie Kreislaufbeschwerden, mangelnde Sauerstoffzufuhr u. v. a. mehr behandelt, da die Fußbäder auf den gesamten Organismus günstig einwirken.

Heilkräuter gegen Kopfschmerzen:

Bei nervösen und stressbedingten Kopfschmerzen sollten wir zuallererst an die schon genannten beruhigenden Kräuter denken, also an *Baldrian, Hopfen* und *Melisse.* Treten Kopfschmerzen nach durchzechter Nacht oder üppigen Mahlzeiten auf, so hilft meist eine Behandlung mit Brennnesseltee, da die Brennnessel einen wichtigen Beitrag zur Ausscheidung von Giftstoffen leistet.

Im Übrigen sollte sich die Auswahl der Heilkräuter nach den Ursachen der Kopfschmerzen richten.

Alte Hausmittel gegen Kopfschmerz und Migräne

a) Ziehen Sie den Rauch von brennendem Anissamen durch einen Trichter in die Nase.

b) Machen Sie Stirnumschläge aus Baldriankraut, frischen Huflattich- oder Wegwarteblättern.

c) Auch kalte Wadenwickel vertreiben Kopfschmerzen.

d) Bäder mit Rosmarinextrakt oder Rosmarinöl sind ebenfalls sehr hilfreich.

Das kann der Heilpraktiker gegen Ihre Kopfschmerzen tun:

Da Kopfschmerzen vielfältige Ursachen haben, ist zunächst ein ausführliches Anamnesegespräch nötig, um den Ursachen auf die Spur zu kommen. Entsprechend der Vielzahl möglicher Ursachen und Schmerzformen ist auch nahezu das ganze Arsenal der naturheilkundlichen Heilverfahren anzuwenden, also Homöopathie, Akupunktur, Neuraltherapie, Baunscheidtieren, Nosoden-Therapie, Chiropraktik, Ozon-Therapie, Sauerstoff-Mehrschritt-Therapie, Hyperthermie, pulsierendes Magnetfeld, Organ-Frisch-Extrakte, Bioresonanz usw. In meinen Praxen haben wir schon vor vielen Jahren eine überaus erfolgreiche Spezialkur gegen Kopfschmerzen und Migräne entwickelt, die auch schon bei zahllosen »aussichtslosen« und aufgegebenen Fällen zum Erfolg führte.

Durchblutungsstörungen

Eine der Hauptursachen für Durchblutungsstörungen ist das Rauchen. Danach erst folgen Stress, mangelnde Bewegung und falsche Ernährung. All diese Ursachen müssen natürlich zunächst einmal ausgeschaltet werden, wenn Sie mit Durchblutungsstörungen zu tun haben. Zur Behandlung ist tägliche Gymnastik zu empfehlen. Für viel Bewegung an frischer Luft muss natürlich auch gesorgt werden.

Besondere Bedeutung kommt den *wechselwarmen Güssen* und anderen Wasserbehandlungen zu, mit denen leichtere Durchblutungsstörungen oft schon nach kurzer Zeit zum Verschwinden gebracht werden können. Auch die schon erwähnten ansteigenden Fußbäder mit dem Schiele-Kreislaufgerät haben sich in meinen Praxen hierfür bestens bewährt.

Bei Durchblutungsstörungen am Bein hilft auch die *Selbstmassage.* Hierzu legt man sich entspannt auf den Rücken und zieht ein Knie an. Dann streicht man von den Zehen aus mit beiden Händen über den Fuß, dann über den Unterschenkel (immer zum Herzen hin). Dies ist mehrfach zu wiederholen. Zum Abschluss werden dann die Waden kräftig ausgeschüttelt.

Massieren Sie danach die Partie zwischen dem Knie und den Oberschenkeln. Knie und Fußgelenke sollten nicht massiert werden.

Besonders wichtig ist natürlich auch die Ernährung. Vollwertige Kost beugt gegen Durchblutungsstörungen vor. Dazu sollte reichlich Knoblauch verzehrt werden. Auf die regelmäßige Zufuhr von Vitaminen ist selbstverständlich auch zu achten. Obst, Rohkost und frisches Getreide helfen außerdem mit, den Vitamin- und Mineralstoffvorrat genügend hoch zu halten.

Auch *Gymnastik* und *Yoga* sind eine wichtige Hilfe bei Durchblutungsstörungen aller Art. All dies hilft natürlich nur bedingt, wenn die Patienten sich nicht zur Aufgabe des Rauchens bequemen können. In meinem Buch »Nie mehr Rauchen« (Moewig Verlag) habe ich ausführlich dargelegt, wie jeder heute einfach und schnell vom »Volksrauschgift« Nikotin wegkommen kann.

Ein erfahrener Heilpraktiker kann Ihnen bei Durchblutungsstörungen vor allem mit der *Ozon-Therapie* helfen. Die »Große Blutwäsche« wird dafür ebenso eingesetzt wie Ozon-Begasung der erkrankten Beine. Aber auch *Akupunktur* und *Neuraltherapie* sind durchaus hilfreich, ebenso wie eine Reihe homöopathischer Wirkstoffe und natürlich die Sauerstoff-Mehrschritt-Therapie. Zu der bei uns entwickelten *Pro Vital-Spezialkur gegen Durchblutungsstörungen* gehören außerdem noch Injektionen mit Organ-Frisch-Extrakten – insbesondere mit Thymus und Plazenta – und die Behandlung mit dem pulsierenden Magnetfeld. Mit dieser kombinierten Therapie lassen sich venöse Durchblutungsstörungen in der Regel ebenso schnell bessern wie arterielle. Egal ob es sich um die »Schaufensterkrankheit«, Krampfadern, offene Beine oder andere Beschwerden handelt. In meinem Buch »Naturheilmittel gegen Durchblutungsstörungen« (ProVital Versand) habe ich unsere Therapie ausführlich beschrieben.

Konzentrationsschwäche und allgemeine Müdigkeit

Konzentrationsschwäche ist ein Hauptübel unserer Zeit geworden, unter der schon unsere Kinder zu leiden haben. Ursachen sind vor allem die Reizüberflutung durch die Medien, laute Musik und andauernde Hektik. Auch falsche Ernährung kann schuld sein, so etwa ein zu hoher Konsum von Phosphaten. Genussgifte wie Koffein, Nikotin und Alkohol führen nach einiger Zeit ebenfalls zu Konzentrationsschwächen und sollten deshalb gemieden werden.

Wichtig ist vor allen Dingen eine vollwertige *Ernährung*. Der Mangel an Vitaminen und Mineralstoffen, der durch falsche Ernährung entsteht, verstärkt nämlich die Müdigkeit und den Konzentrationsmangel. Frisches Obst und Gemüse statt Konserven und fettem Fleisch, Fruchtsäfte und Mineralwässer statt Colagetränken und Kaffee bringen hier schnell eine deutliche Abhilfe.

Aber wenn Sie Ihre Ernährung noch nicht optimal gestalten können, sollten Sie mit der Zufuhr von Vitaminen die Funktion Ihres Körpers unterstützen. Besonders bewährt haben sich so genannte emulgierte Vitamine, also Vitamine, die in einer bestimmten, für den Körper besonders leicht resorbierbaren Form vorliegen. Diese *Multi Mulsin Emulsion* gibt es auch in einer speziellen Zusammensetzung für ältere Menschen *(Geriatrie-Mulsin)* in der Apotheke. Dieses Präparat ist besonders für all diejenigen geeignet, bei denen sich bereits die ersten Anzeichen einer gewissen Altersschwäche einstellen. Schon nachdem Sie dieses Mittel wenige Wochen eingenommen haben, werden Sie feststellen, dass Sie sich wesentlich vitaler und leistungsfähiger fühlen und deutlich mehr Lebensqualität gewonnen haben. Diese Präparate haben den Vorteil, dass sie nicht wie Dragees oder Brausetabletten über den Darm aufgenommen und an den Körper abgegeben werden, sondern auf dem Lymphweg vom Dünndarm direkt in den Blutkreislauf gelangen. Damit ist sichergestellt, dass auch bei Menschen mit gestörter Verdauung oder bei einer Erkrankung der Leber eine ausreichende Aufnahme der eingenommenen Vitamine gewährleistet wird.

Natürlich sollte man an eine Umstellung der Lebensweise mit weniger Stress und Hektik denken. Wo dies nicht möglich ist, können wir dem Stress zumindest durch beruhigende und konzentrationsfördernde Übungen wie *Yoga, autogenem Training* und vor allem auch durch *Meditation* entgegenwirken. Spaziergänge an der frischen Luft und Bewegungstraining sind außerdem ebenso nützlich wie Kaltwasserbehandlungen und Wechselduschen.

Das kann der Heilpraktiker für Sie tun:

Sind die Konzentrationsschwächen mit Alterungsprozessen verbunden, rate ich meinen Patienten meist zu einer Sauerstoff-Mehrschritt-Therapie, die schnell eine deutliche Besserung bringen wird. Durch eine zusätzliche *Ozon-Therapie* als »große Blutwäsche« kann die Sauerstoffversorgung des Gehirns noch weiter verbessert werden. Auch mit Injektionen aus für Sie speziell ausgesuchten homöopathischen Präparaten in Kombination mit dem pulsierendem Magnetfeld und Organ-Extrakten kann Ihnen bei Konzentrationsschwäche schnell geholfen werden, weil damit die Gehirndurchblutung und der Gehirnstoffwechsel angeregt werden.

Pflanzenextrakte können zu einer Besserung von Müdigkeit und Gedächtnisschwäche beitragen. Besonders bewährt hat sich dafür die Taiga-Wurzel, die auch sibirischer Ginseng genannt wird. Wissenschaftlich ist sie unter dem Namen *Eleutherococcus senticosus* bekannt. Sie ist nahe verwandt mit der echten Ginsengwurzel und enthält auch einen Großteil von deren wichtigen Wirkstoffen. Ebenso wie Ginseng wirkt sie aktivierend auf die körperliche und geistige Leistungsfähigkeit und das Konzentrationsvermögen, regt den Hirnstoffwechsel an, fördert die Leberfunktion und damit auch die Entgiftung des Organismus. Einen sehr wirkungsvollen und hochkonzentrierten Extrakt aus *Eleutherococcus* können Sie in Deutschland in jeder Apotheke als *Eleutherococcus Lomapharm-Dragees* bekommen, die einen Trockenextraktanteil von 60 mg pro Dragees enthalten. Schon die Einnahme von 3-mal täglich einem Dragee kann zu einer Besserung von Konzentrationsschwäche und andauernder Müdigkeit führen.

Sexuelle Störungen

Hierunter fassen wir der Einfachheit halber die verschiedensten Störungen des Sexuallebens zusammen, also mangelnde Libido und Gefühlskälte ebenso wie Erektionsstörungen. Bei der großen Empfindlichkeit der Nerven im Sexualbereich und der Konfliktträchtigkeit des Sexualgeschehens kann Dauerstress sehr leicht zu ernsthaften Beeinträchtigungen eines befriedigenden Sexuallebens führen. Diese Probleme sind weitaus häufiger, als man annimmt, denn den meisten Menschen ist es peinlich, darüber zu reden.

Bei all diesen Störungen helfen in der Regel keine Wundermittel aus dem Sexladen oder geheimnisvolle Elixiere, die in den Kleinanzeigen der Illustrierten angeboten werden. Nützlich sind dagegen alle allgemein beruhigenden Maßnahmen wie *autogenes Training* und *Yoga, aber auch Kräutertees, kalte Güsse* und *Waschungen,* genügend *Bewegung* und ein Verzicht auf Genussmittel, besonders auf Alkohol.

Wichtig ist auch die Offenlegung von Konflikten zwischen den Partnern und die Aufgabe von Leistungsdenken und dementsprechenden Erwartungen. In schwerwiegenden Fällen sollte man sich auch nicht scheuen, die Hilfe eines Psychotherapeuten in Anspruch zu nehmen.

Dem Naturmediziner stehen für Mann und Frau eine Vielzahl von homöopathischen Mitteln zur Verfügung, die die Störungen auf natürliche Weise beheben können. Sind sexuelle Störungen organisch bedingt, also etwa die Folge einer Hormonschwäche oder eines vorzeitigen Alterungsprozesses, bewirkt die *Sauerstoff-Mehrschritt-Therapie* in Verbindung mit Organextrakten zuweilen Wunder. Neben Thymus-Frisch-Extrakt werden insbesondere Milz zur Regulierung des Hormonhaushalts und natürlich Testes (Hoden) und Ovar (Eierstöcke) verabreicht, die schnell zu einer Verbesserung der sexuellen Leistungsfähigkeit beitragen. Ergänzt werden kann diese Behandlung noch durch das pulsierende Magnetfeld, was zu einer Energieanreicherung und damit verbesserten Durchblutung im gesamten Unterleibsbereich führt und somit die Erektions- und Empfindungsfähigkeit verbessert.

Menstruationsstörungen

Unregelmäßige, zu starke, schwache oder schmerzhafte Blutungen sind häufig stressbedingt. Vor einer Selbstbehandlung sollte jedoch auch hier eine gründliche Untersuchung stehen. Bei allen stressbedingten und psychisch verursachten Störungen sind Sitzbäder zu empfehlen. Vor Beginn der Regel und während der Periode sollten Tees aus Schafgarbe und Ringelblumen (Calendula) getrunken werden. Dazu kommen allgemein beruhigende Maßnahmen wie *autogenes Training* und *Yoga.*

In der Praxis des Naturmediziners sind oft mit *Neuraltherapie* oder *Akupunktur* bei schmerzhafter Regelblutung gute Erfolge zu erzielen. Auch *homöopathische Mittel* haben sich bestens bewährt.

Nicht zuletzt können auch hier wiederum Organ-Frisch-Extrakte und das pulsierende Magnetfeld eingesetzt werden. Bei krampfartigen Schmerzen während der Periode hat sich auch die Bestrahlung mit dem wassergefilterten Infrarot-A-Licht bewährt, da sie sehr schnell zu einer Entkrampfung und damit Schmerzlinderung führt.

Näheres über die naturgemäße Behandlung von Frauenkrankheiten finden Sie übrigens auch in meinem Buch »Naturheilmittel gegen Frauenleiden« (ProVital Versand, 55444 Seibersbach).

Gallenerkrankungen

Ärger, bei dem einem »die Galle überläuft«, ist fast jedermann bekannt. Schmerzhafte Erkrankungen sind nicht selten die Folge davon, denn die Gallenblase ist sehr empfindlich für Stress und wird leicht in ihrer Funktion gestört.

Als natürliche Heilmittel helfen bei Steinerkrankungen vor allem *Dampfkompressen mit Heublumen.* Bei länger dauernden Funktionsstörungen helfen pflanzliche Mittel, etwa der Press-Saft der Artischocke oder ein Brennnesseltee. *Ansteigende Sitzbäder* wirken allgemein kräftigend für alle inneren Organe.

In meinen Praxen setzen wir vor allem *Akupunktur* und *Neuraltherapie* gegen Gallenbeschwerden ein. Aber auch mit *homöopathischen Mitteln* und speziellen *Teekuren* konnte schon so mancher Gallenstein und so manche Gallenblasenentzündung zum Verschwinden gebracht werden. Bei hartnäckigen Fällen verwende ich zusätzlich die Tiefenüberwärmung mit wassergefilterten Infrarot-A-Strahlen. Durch die starke Überwärmung wird eine Verbesserung der Durchblutung erreicht, bei der nicht nur die krampfartigen Beschwerden nachlassen, sondern auch die vorhandene Entzündung schnell beseitigt werden kann. Chronische Gallenerkrankungen und auch Störungen der Leberfunktion lassen sich zusätzlich mit dem pulsierendem Magnetfeld behandeln. Ergänzend verschreibe ich meinen Patienten das pflanzliche Heilmittel Poikicholan 100, das den Wirkstoff Silymarin, der aus den Mariendistelfrüchten gewonnen wird, enthält. Silymarin führt nicht nur zu einer Verbesserung der Leberfunktion, sondern bekämpft gleichzeitig auch bestehende Entzündungen im Leber-Gallenbereich.

Nierenerkrankungen

Alle haben wir schon gehört, dass einem etwas »an die Nieren geht«. Diese Redensart bringt zum Ausdruck, dass Ärger, Konflikte und Probleme – eben Stress – die Nierentätigkeit negativ beeinflussen können. Der erhöhte Stress ist neben den nierenschädigenden Umweltgiften (Cadmium, Quecksilber, Blei) und dem Missbrauch chemischer Arzneimittel der Hauptgrund für die Zunahme von Nierenerkrankungen in unserer Zeit. In meinem Buch »Naturheilmittel gegen Umweltgifte« (ProVital Versand) habe ich mich ausführlich mit diesem Problem beschäftigt und den Lesern ausführliche Tipps gegeben, wie sie sich gegen umweltbedingte Krankheiten am besten zur Wehr setzen bzw. sich davor schützen können.

Bei Nierenerkrankungen ist auf jeden Fall der Arzt oder Heilpraktiker zu Rate zu ziehen. Nur bei Funktionsstörungen ohne organische Schädigung darf man allein der Selbstbehandlung vertrauen, die ansonsten nur unterstützende Wirkung haben kann.

Das können Sie tun:

Bei Nierenerkrankungen sind Einschränkungen in der *Ernährung* unumgänglich. Vor allem ist auf eine Einschränkung von Kochsalz und Alkohol Wert zu legen. Auch der Fleischkonsum muss reduziert werden. Dagegen sollten Sie viel Rohkost und frisches Obst zu sich nehmen. Auch vollwertige Getreideprodukte, etwa aus Hafer, sind sehr nützlich.

Eine ganze Reihe von *Heilkräutertees* stehen uns bei Nierenleiden zur Verfügung. Es seien hier nur die Tees aus Bärentraubenblättern, Wacholderbeeren, Liebstöckel, Goldrute, Zinnkraut, Bohnenschalen und Birkenblättern genannt. Die genaue Zusammensetzung der Tees richtet sich nach der Art der Nierenstörung. Angebracht sind auch ableitende Maßnahmen wie *kalte Wickel, Bäder mit Heublumen, Hafer oder Zinnkraut* und *heiße* bzw. *ansteigende Sitzbäder.*

Der Heilpraktiker hilft Ihnen bei Vergiftungserscheinungen mit entgiftenden Maßnahmen. Auch *Neuraltherapie* ist oft angebracht, wenn z.B. nicht ausgeheilte Infektionen die Nieren geschädigt haben. Außerdem stehen eine Reihe *homöopathischer Mittel* zur Verfügung, mit denen eine geschwächte Nierenfunktion wieder verbessert und Nierensteine beseitigt werden können. In meinen Praxen haben sich außerdem die schon mehrfach erwähnten physikalischen Maßnahmen bestens bewährt. Dazu gehören die ansteigenden Kreislauf-Fußbäder nach Schiele, das pulsierende Magnetfeld und die Infrarot-A-Tiefenbestrahlung. Alle drei Methoden verbessern die Durchblutung der Nieren und regen damit die Entgiftung an. Zusätzliche Injektionen mit Organ-Frisch-Extrakten, insbesondere Thymus- und Nierenextrakt, sorgen für eine schnellere Regeneration der Nierenzellen und verbessern die Widerstandsfähigkeit. In manchen Fällen konnte damit den Patienten schon eine Dialyse, also eine regelmäßige Blutwäsche durch die »künstliche Niere«, erspart werden.

Immunschwäche

In diesem Buch habe ich schon mehrfach darauf hingewiesen, dass Stress die Abwehrkräfte unseres Körpers gegen Krankheiten, also das Immunsystem schädigen kann. Die Folge davon sind z. B. ständige »Erkältungen« und andere Infektionskrankheiten. (Siehe dazu auch mein Buch »Erkältung – nein danke«, Moewig Verlag.) Selbst Krebs kann durch ein stressgeschädigtes Immunsystem begünstigt werden und zum Ausbruch kommen.

Alle in diesem Buch genannten Maßnahmen gegen Stress helfen auch, das Immunsystem wieder in Gang zu bringen. Ein besonderer Stellenwert kommt der vollwertigen, vitamin- und mineralstoffreichen *Ernährung* zu.

Eine Reihe von *Heilkräutertees* helfen dem Immunsystem bei der Bekämpfung von Infektionen ebenso wie abhärtende Maßnahmen (Sauna, Kaltwassertherapien) und Bewegung an frischer Luft.

In meinen Praxen setze ich für meine Patienten vielfältige Methoden ein. Besonders wirksam ist hier die Verabreichung von *Enzympräparaten (Wobenzym, Phlogenzym* und *Mulsal).*

Da unser Immunsystem ganz wesentlich von der Thymusdrüse beeinflusst wird, kann man durch Injektionskuren aus Thymusextrakt (THX), der aus den Thymusdrüsen von ungeborenen Kälbern gewonnen wird, eine wesentliche Besserung der körpereigenen Abwehrkräfte beim Menschen erzielen.

Schließlich bleibt noch die *Sauerstoff-Mehrschritt-Therapie* als Mittel zur Erneuerung der Abwehrkräfte. In Verbindung mit der *Thymusbehandlung* stellt sie die beste Möglichkeit dar, einem vorgeschädigten Immunsystem wieder zur vollen Funktion zu verhelfen. Die Kombination aus Sauerstoff-Mehrschritt-Therapie und Thymus-Extrakt, die von Prof. Dr. von Ardenne als »Sauerstoff-Immunstimulation« bezeichnet wurde (siehe auch Seite 142), stärkt nicht nur die Abwehrkraft gegen Erkältungen und Infektionen, sondern trägt auch dazu bei, Krebs zu verhüten oder wirksam zu bekämpfen. Sie macht Körper, Geist und Seele wieder fit, so dass jede Art von Dis-Stress besser verkraftet werden kann. Sowohl zur Vorbeugung gegen große und kleine Stressfolgen als auch deren Behandlung können Sie sich nichts Besseres gönnen, als alle ein bis zwei Jahre eine derartige Kur zu machen.

Krebs

Zum Abschluss noch ein paar Worte zu der wohl schlimmsten Entgleisung unseres Immunsystems, bei der es sogar zur Entartung von Zellen kommt: zum Krebs.

Wie schon erwähnt, ist es heute wissenschaftlich erwiesen, dass andauernder Dis-Stress die Abwehrkräfte unseres Organismus dermaßen schwächen kann, dass es zum totalen Zusammenbruch des Immunsystems und damit letztendlich zum Krebs kommt. Eine Umstellung der Lebensweise – so wie hier in diesem Buch vorgeschlagen – ist der erste Schritt zur Vorbeugung gegen eine Krebserkrankung oder dazu, ein bestehendes Krebsleiden zu bessern. Eine bejahende Lebenseinstellung, positives Denken und das Finden zu sich selbst bringen nachhaltig Ordnung in den Stoffwechsel des menschlichen Körpers, entspannen die Nerven, kräftigen die Seele und wecken so ungeahnte Kraftreserven, mit denen der Betroffene wirksame Waffen gegen seine Erkrankung in die Hand bekommt.

Das können Sie sonst noch tun:

Reichlich Vitamin C stärkt die körpereigene Abwehrkraft und kann helfen, Krebs zu bekämpfen. Als Ascorbinsäure ist Vitamin C preiswert in jeder Apotheke erhältlich. Über den Tag verteilt sollten Sie davon etwa 6–10 g in Wasser auflösen und trinken.

Sehr wichtig ist *rechtsdrehende Milchsäure,* die die beim Krebs anfallenden Stoffwechselgifte neutralisieren hilft. Rechtsdrehende Milchsäure gibt es als Tropfen oder Kapseln in der Apotheke zu kaufen. Bewährt hat sich auch die Kombination mit Rote-Bete-Extrakt und anderen Heilkräuterwirkstoffen. Gut ist es außerdem, proteolytische Enzyme und hochdosiertes Vitamin A zu sich zu nehmen. Besonders bewährt haben sich dafür speziell zur Krebstherapie entwickelte Enzympräparate *(Wobemugos)* und Vitamin-A-Präparate *(A Mulsin, A Mulsin forte),* die aus emulgiertem, also besonders leicht resorbierbarem Vitamin A bestehen. Sie erhalten sie in jeder Apotheke.

Besonders wichtig ist natürlich, die Ernährung auf eine Vollwertkost umzustellen. Schweinefleisch, weißer Zucker und weißes Mehl sind streng verboten. Empfehlenswert sind alle rohen Gemüse – vor allem Rote Bete, Mohrrüben, Brennnessel und Knoblauch – und Salate. Spezielle Krebsdiäten – über die es im Buchhandel genug Lektüre gibt – sind unbedingt auch zu empfehlen.

Genussmittelgifte wie Alkohol, Nikotin, Koffein und dergleichen sind selbstverständlich zu meiden. Stattdessen sollte man sich viel an frischer Luft bewegen, die Gesellschaft von heiteren und lebensbejahenden Menschen suchen und sich vielleicht einer Selbsthilfegruppe anschließen.

So kann der Heilpraktiker helfen:

Zuerst einmal kommen natürlich alle Behandlungsmethoden in Frage, die ich schon unter »Immunschwäche« angeführt habe. Thymusextrakt-Kuren sind hier ebenso wichtig wie der Einsatz der *Sauerstoff-Mehrschritt-Therapie.* Unterstützt werden diese Kuren noch durch Injektionen mit Mistelextrakten, Gärungs- und damit krebshemmenden Präparaten, Ozon-Sauerstoff-Kuren und dergleichen mehr.

In jüngerer Zeit hat sich auch ganz besonders der Einsatz der schon erwähnten *Infrarot-A-Tiefenbestrahlung* bewährt. Durch die bei dieser Behandlung erreichte Überwärmung des Tumors auf rund 43° Celsius werden Krebszellen zum Absterben gebracht, gesunde Zellen überstehen diese Behandlung dagegen unbeschadet

Auch weitere Therapien wie Neuraltherapie zur Beseitigung von Störfeldern, Homöopathie, Symbioselenkung, pulsierendes Magnetfeld und vieles mehr können und sollten zum Einsatz kommen. Zur Stabilisierung der Psyche hat sich dabei auch besonders die in meiner ProVital Naturheilklinik entwickelte *Edelstein-Meridian-Massage* bewährt (siehe Seite 159). Es würde zu weit führen, hier die ganze Palette der Krebstherapien aufzuführen. Einschlägige Literatur darüber ist im Handel erhältlich. Bei speziellen Fragen können Sie sich außerdem auch gerne an meine ProVital Naturheilklinik, 55442 Stromberg-Schindeldorf, wenden und Informationen über die hier entwickelte spezielle »ProVital-Spezialkur-Krebs« anfordern.

So viel zu den Krankheiten, die als Folge von Stress unseren Körper heimsuchen können. Wenn Sie die Ratschläge aus diesem Buch gewissenhaft befolgen, haben Sie schon den Grundstein dazu gelegt, nicht daran zu erkranken. Lassen Sie es also gar nicht erst zur Krankheit kommen. Auch hier gilt: Vorbeugen ist besser als heilen.

Ihnen ein Konzept in die Hand zu geben, um Stress wirksam vorbeugen und besser verkraften zu können, das war der Hauptzweck dieses Buches. Ich würde mich freuen, wenn mir das gelungen ist.

Hinweis auf Bezugsquellen

Von meinen Leserinnen und Lesern werde ich immer wieder gefragt, wo man denn die von mir empfohlenen Arzneimittel, Heilmittel, medizinischen Geräte oder auch Bücher beziehen kann. Hier die Antwort:

Alle apothekenpflichtigen Arzneimittel erhalten Sie selbstverständlich in Apotheken. Alle nicht apothekenpflichtigen Präparate sowie alle medizinischen Geräte und Bücher erhalten Sie direkt vom ProVital Versand, 55444 Seibersbach. U.a. bekommen Sie dort ätherische Öle, *Fußbadewannen* für die ansteigenden Kreislauf-Fußbäder nach Schiele, Badezusätze für die Schiele-Bäder, Extrakte für Vollbäder, Heimgeräte für die Magnetfeldtherapie, Bestrahlungslampen wie Strahler zur Hyperthermie, Heimgeräte für die Sauerstoff-Mehrschritt-Therapie, *Wasserreiniger,* den *Sauerstoff-Wasserbereiter,* »orthopädische Kopfkissen und Matratzen« zur Schonung der Wirbelsäule und gesünderem Schlaf und vieles mehr.

Insbesondere erhalten Sie hier auch Informationen über die von uns entwickelten biologisch-homöopathischen Spezialpräparate zur Bekämpfung der unterschiedlichsten Beschwerden.

Wenn Sie mehr wissen wollen, fordern Sie bitte einfach das kostenlose Infopaket an bei

Heilpraktiker Manfred Backhaus
ProVital Naturheilklinik und Ambulanz
Land und Golf Hotel Stromberg • 55444 Stromberg-Schindeldorf
Telefon: 06724/ 88 34 Fax: 06724/ 68 43
Email: praxis@provital-online.de
oder besuchen Sie uns im Internet unter
www.provital-online.de oder www.provital-online.com oder
www.provital.net
Hier erhalten Sie auch immer aktuelle Informationen zu neuen Therapien bzw. zeitlich begrenzten besonders günstigen »Spar-Kuren«.

Scheuen Sie sich nicht uns zu fragen. Wir freuen uns auf Sie!

Der Autor

Manfred Backhaus kann mittlerweile auf eine über 25-jährige Erfahrung als Heilpraktiker zurückblicken. Nach einem ausgedehnten Studium der modernen Naturmedizin und klassischer Naturheilverfahren sowie einer intensiven Ausbildung an einer Heilpraktiker-Fachschule ist er seit 1975 als Heilpraktiker tätig.
Bei zahlreichen Studienaufenthalten im Ausland (z.B. USA, Jamaika, Japan, China) hat er sein medizinisches Wissen ständig erweitert. Dank seiner Ganzheitstherapie, die er mit großem Erfolg in seiner ambulanten Naturheilpraxis in Mainz und seiner ProVital Naturheilklinik und Ambulanz im Land & Golf Hotel Stromberg (Rhein-Nahe-Kreis) anwendet, ist es ihm gelungen, sich über die deutschen Grenzen hinaus einen guten Namen zu machen.
Dabei war er immer bestrebt, sein Wissen anderen Menschen zu vermitteln. Nach zahllosen Artikeln in Publikums- und Fachzeitschriften hat er mittlerweile über ein Dutzend Bücher veröffentlicht. In den großen Publikumszeitschriften und in der Fachpresse wird außerdem regelmäßig über seine Arbeit berichtet. In den letzten Jahren war er als »Ratgebender Heilpraktiker« auch immer wieder Gast in Rundfunk und Fernsehen, u.a. bei Deutsche Welle TV weltweit, SAT1, PRO 7, ARD (z.B. bei »Fliege«), RTL (z.B. bei »Ilona Christen«), HR 3, SWR usw.
In seinen Praxen und in regelmäßig veranstalteten Seminaren gibt er seine Kenntnisse selbstverständlich auch an den Heilpraktiker-Nachwuchs weiter und beschäftigt deshalb auch Assistentinnen und Assistenten.

NINA JANDA
Always
young
SO BLEIBEN SIE EWIG JUNG!
► ERNÄHRUNG
► BEWEGUNG
► SCHÖNHEIT
► GUTE LAUNE
► ELAN
MOEWIG

Die medizinischen Geheimnisse der großen Natur- und Wunderheiler in einem Band: vom altägyptischen „Papyrus Ebers", der das gesamte medizinische Wissen der Pharaonen versammelt, über Hippokrates, Galenos und Hildegard von Bingen zu Paracelsus, Nostradamus, Samuel Hahnemann und Edgar Cayce. Der Band enthält zahllose jahrhundertelang erprobte Rezepte gegen Beschwerden, zur Vorbeugung und Genesung. Kurz: die besten Ärzte, die besten Kuren.

Kurt Allgeier
4000 Jahre Naturheilkunde

256 Seiten, Hardcover
Format 15,5 x 22,7 cm
ISBN 3-8118-1665-9

Christine Steinbrecht-Baade
TRADITIONELLE
CHINESISCHE
MEDIZIN
Gesundheit, Glück und langes Leben
MOEWIG